미식가에게 영감을 주는 베이커의 책

Baker's Cookbook

양윤실 지음

ing books

Prologue

빵을 만드는 일이 직업이 되는 순간부터 사실 나를 돌본다는 건 쉽지 않았다. 남들보다 빨리 시작하는 하루와 고된 육체적 노동 속에서 식사 때를 놓치는 건 일상이었고 일의 재미와 보람과는 별개로 건강은 나빠졌다. 맛있는 걸 만드는 사람이 이렇게 대충 먹을 수밖에 없을까라는 고민이 많았던 시기에 자연스레 날 위해 무엇이든 빨리 건강하게 챙겨 먹게 되면서 나의 한 접시도 시작됐다. 굽고 성형하고 발효하는 일분일초를 다투는 그 시간 속에서 어찌나 챙겨 먹곤 했는지… 생각하면 가끔 웃기면서 슬프기도 하다. 아름답게 먹는 건 어릴 때부터 습관이었고 기본 생활인지라 쉬웠지만 일을 하면서 아름답게 먹기란 참 어려웠다. 빵쟁이들도 상상이 안 되겠지만 그 바쁨 속에서 단 몇 분이라도 시간이 나면 커피를 내리고 샐러드를 만들고 과일도 깎았다. 오랫동안 그 일을 하다 보니 요령이 생겨 1분도 몇 시간처럼 여유를 부릴 수 있었다. 사실 주방에서는 날아다녔는데 말이다. 무엇이든 하기만 하면 열정이 가득해 그때부터 SNS에 #양쉡스텝밀 #양쉡샐러드 #양쉡파슬하 해시태그를 달아가며 혼자 재미를 찾아가기도 했다. 그 덕분에 손님들과의 소통도 한결 자연스러워졌다. 크루아상 매장을 운영할 때는 클래식한 크루아상 메뉴도 있었지만 하루에 몇 가지씩 페이스트리*Pastry*를 만들며 좋아하는 요리에 대한 욕구도 채웠던 것 같다. 반응도 정말 좋았는데 '브리오슈 가든'이라는 이름을 처음 붙이고 요리와 접목한 빵을 만들면서 식재료에 관한 관심도 더 커졌고 다양한 시도를 해봤다. 매번 반복되는 빵 작업의 루틴 속에서 다양한 식재료를 담아내는 페이스트리와 나의 샐러드는 마치 영감 같은 것이었다. 서로 어울리지 않는 식재료의 조합도 경험으로 알게 됐다. 역시 '다작'은 진리다. 뭐든 많이 해보고, 먹어보고, 만들어본 사람이 더 많이 알고 느낄 수밖에 없다. 빵 공부를 처음 시작할 때부터 버터와 페이스트리의 매력에 빠져 덕질처럼 앞뒤도 재지 않고 열심이었지만 나는 지금도 진행 중에 있다고 생각한다. 다양한 식재료를 빵과 함께 표현한다. 나의 빵을 먹는 사람들과 이야기하고 나누는 일, 그게 지금 내가 걷고 있는 길이 아닐까?

008-013 : Bread
Goat cheese rye bread
고트 치즈 호밀빵

014-017 : Fruit
Strawberry shiso salsa
딸기 시소 살사

018-021 : Fruit
Watermelon bean hwachae
수박 콩물 화채

022-027 : Grain
Shallot scallop linguine
샬롯 관자 링귀네

028-033 : Egg
Deviled eggs
데빌드 에그

034-039 : Dairy
Mimolette blanket salad
미몰레트 이불 샐러드

040-045 : Bread
Orange feta toast
오렌지 페타 토스트

046-051 : Bread
Apple caprese tartine
사과 카프레제 타르틴

052-055 : Fruit
Strawberry balsamic yogurt
딸기 발사믹 요거트

056-059 : Egg
Caviar egg salad
캐비아 달걀샐러드

060-063 : Veg
Tomato soup
차가운 토마토 수프

064-069 : Dairy
Baked pavé d'Affinois cheese
파베 다피누아 치즈 구이

070-073 : Fruit
Perilla apple fries
들깨 사과 튀김

074-079 : Dairy
Grana padano kale gnocchi
그라나파다노 케일 뇨키

080-085 : Dairy
Burrata plate salad
부라타 접시 샐러드

088-091 : Grain
Tapenade orecchiette
타프나드 오레키에테

092-097 : Veg
Nicoise salad
니수아즈 샐러드

098-103 : Bread
Bread plate
한 접시 빵

104-107 : Egg
Mushroom over fried eggs
버섯 달걀프라이

108-111 : Grain
Italian parsley pasta
이탈리안 파슬리 파스타

112-115 : Fruit
Summer fruits ceviche
여름 과일 세비체

116-121 : Veg
Bagna càuda
바냐 카우다

122-125 : Bread
Caponata tartine
카포나타 타르틴

126-129 : Grain
Chocolate oatmeal bowl
초콜릿 오트밀 볼

130-133 : Veg
Beetroot soup
비트루트 수프

134-139 : Egg
Comté cheese omelette
콩테 치즈 오믈렛

140-145 : Bread
Crepe bouquet
크레페 부케

148-153 : Grain
Cheese onigiri and ochazuke
치즈 오니기리와 오차즈케

154-159 : Bread
Grilled sage brioche
그릴드 세이지 브리오슈

160-163 : Dairy
Bread ball
브레드 볼

0164-167 : Fruit
Fennel orange salad
펜넬 오렌지 샐러드

168-171 : Grain
Txistorra tomato conchiglie rigate
시스토라 토마토 콘킬리에 리가테

172-175 : Veg
Sweet corn soup
제주 초당옥수수 수프

176-181 : Dairy
Époisses cheese toast
에푸아스 치즈 토스트

182-185 : Bread
Choco rye sand
초코 호밀 샌드

186-189 : Dairy
Blueberry yogurt soup
블루베리 요거트 수프

190-193 : Bread
Chocolate pancake
초콜릿 팬케이크

196-201 : Bread
Rose harissa egg sourdough
로즈 하리사 에그 사워도우

202-207 : Grain
Chipolata pepe paccheri
치폴라타 페페 파케리

208-213 : Bread
Grilled cheese sourdough
그릴드 치즈 사워도우

214-217 : Egg
Poached egg salad
수란 샐러드

218-223 : Bread
Seasonal fruits crostini
제철 과일 크로스티니

224-227 : Veg
Pan con tomate
판 콘 토마테

228-233 : Grain
CPG rigatoni
셀러리 잎과 황잣, 고트 치즈 리가토니

008

Goat cheese rye bread

Bread

고트 치즈 호밀빵

010

012

Recipe #1

꿀
@hedene_korea

레몬
@jeju_organic_lemonfarm

    제일 좋아하는 치즈가 무엇인지 묻는 질문을 많이 받는 편이다. 빵도 물론! 사실 맛이라는 것 그때의 상황과 나의 입맛(?) 컨디션에 따라 달라지기에 콕 짚어 말하긴 어렵다. 그래도 꼭 이야기해야 한다면 주로 쭈글쭈글한 외피와 특유의 쿰쿰함이 있는 숙성 치즈를 좋아한다. 나에겐 거의 완벽한 요리 수준의 치즈들이다. 특히 직접 만든 빵에 숙성 치즈를 듬뿍 올려 먹는 순간에는 베이커가 되길 백번 천 번 잘했다는 생각이 든다. 꿀과 과일 콩포트, 빵 한 조각만 있으면 완벽하다. 오크, 라벤더, 아카시아, 밤, 잡화, 트러플 등 국내 지역의 꿀부터 해외 유기농 벌꿀 등 다양하게 접해보자. 빵마다 어울리는 꿀도 다 다르다. 특히 라벤더 꿀과 쿰쿰한 호밀빵, 고트 치즈의 조합은 꼭 한번 맛보길 바란다. 고트 치즈의 향을 제대로 즐기고 싶은 날엔 심플하게 맛보고, 멋스러운 플레이팅을 하고 싶은 날엔 색깔이 예쁜 식용 꽃을 올려보자. 채소나 과일을 좋아한다면 작은 볼에 '하우스 샐러드'를 만들어 곁들이길 추천한다. 빵 위엔 절대 토핑하지 않길 바라며…

Goat cheese rye bread

Ingredients

호밀빵 2쪽 ● 가염 버터 15~20g
고트 치즈 70g ● 꿀 2TS ● 레몬 제스트 1/2개 분량

Recipe #4

Recipe

① 호밀빵은 1cm 두께로 슬라이스한다.

TIP
빵은 얇게 써는 걸 추천한다.

② 팬에 가염 버터를 두르고 호밀빵을 앞뒤로 노릇하게 구운 뒤 한 김 식힌다.

TIP
최대한 바삭 구워 토핑 재료의 수분이 스며들지 않도록 한다.

③ 구운 호밀빵 위에 고트 치즈를 듬뿍 펴 바른다.

④ 꿀을 글레이즈하듯 뿌리고 레몬 제스트를 올려 완성한다.

014

Strawberry shiso salsa

딸기 시소 살사

이탈리안 파슬리가 최애라고 말하면 시소가 샘낼 게 분명하다. 시소는 진짜 그냥 집어먹는다. 밥에 반찬처럼 먹기도 하는데 초간장에 쪽파만 살짝 뿌려 깻잎장아찌 만들듯 절인 시소가 바로 제일 좋아하는 반찬 중 하나다.

딸기 시소 살사는 오래전부터 해 먹었던 방법인데 각자의 청량함이 정말 잘 어울린다. 좋아하는 두 가지 재료를 더 많이 먹기 위해 만든 메뉴! 딸기는 금실 딸기가 안쪽까지 빨갛고 과육이 단단해 샐러드용으로 즐겨 사용한다. 허브 중에는 재료를 아우르는 역할을 하는 것들이 있는데 시소가 그중 하나라고 생각한다. 두루두루 다양한 재료와 이질감 없이 조화를 이루는 느낌이다. 시소는 주로 연희동 사러가 마트에서 구매하는 편이다. 개인적으로 거기서 판매하는 시소가 제일 부드럽고 향도 진하게 느껴져 내 입맛에 잘 맞는다.

딸기 시소 살사는 그릭 요거트에 토핑으로 얹어도 맛있고 이 자체를 드레싱으로 채소 위에 뿌려도, 타르틴처럼 빵 위에 올려 먹어도 좋다. 또 얇은 파스타 면이나 쇼트 파스타를 삶아 콜드 파스타 소스로 응용해도 색다른 맛으로 즐길 수 있다.

허브류, 식용 꽃
@marchefriends
@sarugastory
@jjanggumol (대중향 구매 시)

Strawberry shiso salsa

Recipe #2

Ingredients

딸기(금실 또는 죽향) 315g
시소 15장
올리브오일 적당량
화이트 발사믹 비네거 약간
소금 약간 · 후춧가루 약간

Recipe →

① 딸기와 시소는 잘게 다진다.

② 볼에 ①을 넣고 후춧가루를 뿌린 뒤 올리브오일을 듬뿍 둘러 버무린다.

③ 그릇에 담고 화이트 발사믹 비네거와 소금을 뿌려 완성한다.

018

Watermelon bean hwachae

수박 콩물 화채

@laudemioevo
@chateau.escoublon
@pedlar.international
@clovisreims
@peasitalika

Recipe #1

    이제는 SNS 계정에 만든 음식 사진을 올리는 게 자연스러워졌다. 처음엔 내 계정이 운영하던 업장용이었기 때문에 전문 크루아상 사진만 가득이었다. 내가 만들어 올리면 누군가 보고 자신도 만들어 맛있게 먹었다는 이야기를 듣는 게 즐거웠다. 함께 공감해주는 거니까. 예전에 임신한 손님이 입덧이 심해 아무것도 못 먹던 시기에 내가 올린 음식 사진을 보고 만들어 먹으며 잘 이겨냈다는 안부를 전해왔는데 그게 바로 수박 콩물 화채이다. 사실 수박에 콩물만 붓고 허브와 올리브오일을 뿌린 거라 요리라고 하기엔 거창하다. 그냥 나는 이것저것 매칭하길 좋아하는 조합대마왕이다. 서리태 콩물을 쓸 때는 천도복숭아와 블루베리 등 컬러도 빼놓지 않고 계산해 넣는다. 고소함과 산미가 만나면 그 맛에도 박수를 치게 될 것이다. 콩물이 넘쳐나는 여름이 되면 꼭 과일과 채소를 함께 넣고 만들어 먹는다. 콩으로 만든 화채라고나 할까? 화채야말로 우리나라에서만 본 것 같은데 너무 예쁘고 맛나다. 그리고 화채에는 추억이 담겨 있다. 여름과 많은 사람들이 떠오른다. 어릴 때 가족들과 야식 디저트로 먹었던 기억이 스멀스멀 난다. 콩물에 국수 말고도 다양한 여름 과일을 듬뿍 넣고 건강한 화채처럼 즐겨주면 좋겠다. 올여름엔 미숫가루로 화채를 만들어봐야겠다. 상상을 실제로 구현한 한 그릇 요리는 그 자체만으로도 건강하고 즐겁다. 맛있게 성공하면 SNS에도 올릴 계획!

Watermelon bean hwachae

Ingredients

수박 2~3쪽 ◦ 콩물 적당량
딜 1줄기 ◦ 딜꽃 약간
올리브오일 약간 ◦ 소금 약간

Recipe

① 수박은 자유롭게 한입 크기로 손질한다.

② 그릇에 콩물을 반 정도 붓고 ①을 담는다.

③ 다시 콩물을 붓고 수박을 올린다.

④ 올리브오일을 듬뿍 두르고 취향에 따라 소금으로 간한 뒤 딜과 딜꽃을 올려 완성한다.

Recipe #4

Shallot scallop linguine

샬롯 관자 링귀네

Recipe #7

냉동 해산물
@upuupu.official

Recipe #4

확실히 육류보다는 해산물파라 해산물 요리를 즐겨 만드는 편이다. 제철 해산물을 쓰는 것이 물론 좋지만 요즘은 냉동 제품도 꽤 괜찮게 나와 편하게 쟁여놓고 먹고 싶을 때 사용한다. 특히 냉동 관자는 냉동실 필수 아이템 중 하나다.

파스타 재료가 없을 때 대부분 마늘만 넣은 알리오 올리오를 만들어 먹는데 나에게는 샬롯 파스타가 그렇다. 샬롯만 썰어 넣어도 향과 맛, 감칠맛이 충분히 좋아진다. 거기다 마지막에 버터 한 조각의 힘만 빌리면 완성이다. 자극적인 맛도 좋아하는 편이라 레시피보다 고추를 더 넣어 맵게 만들기도 하고 칠리 오일이나 타바스코도 듬뿍 넣고 난리를 칠 때도 있는데 이 레시피에서는 조금 정숙하게 표현했다. 맛을 한번 보고 매운 걸 좋아하는 분들은 조금씩 더 넣어도 좋다. 세발나물도 썰어 넣었는데 식감이 참 좋다. 공심채나 시금치, 마늘종, 셀러리 줄기를 길게 썰어 넣어도 잘 어울린다. 너무 맵게 느껴진다면 치즈나 생크림을 넣고 중화시킬 수 있으니 걱정하지 않아도 된다. 또 다른 맛을 경험하게 될 것이다.

우린 전문가가 아니고 더더욱 판매할 메뉴도 아니니 과감하고 자유롭게 만들기를 권한다. 만드는 게 끝이 아니다. 꼭 어울리는 예쁜 접시에 담고 나를 위한 멋진 커트러리도 준비한다. 귀찮아하지 말고 플레이팅에도 진심을 담아보길 바란다.

Recipe #2

Shallot scallop linguine

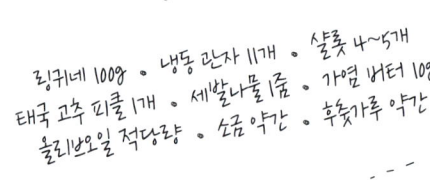

Ingredients

링귀네 100g • 냉동 관자 11개 • 샬롯 4~5개
태국 고추 피클 1개 • 세발나물 1줌 • 가염 버터 10g
올리브오일 적당량 • 소금 약간 • 후춧가루 약간

가니시
노랑 고추 1개
말린 차이브꽃 약간
파프리카 파우더 약간
칠리 오일 약간

RECIPE

① 냉동 란자는 찬물에 해동하고 물기를 제거한다.

② 샬롯은 링으로 썰고 고추 피클은 송송 썬다. 세발나물은 듬성듬성 썬다.

③ 팬에 올리브오일과 버터를 두르고 ①을 앞뒤로 노릇하게 구운 후 후춧가루를 뿌린다.

RECIPE #3

TIP
란자는 토치로 겉면을 살짝 구워도 좋다.

④ 달군 팬에 올리브오일을 두르고 샬롯과 소금을 넣어 단맛이 우러나도록 볶는다.

⑤ 고추 피클을 넣어 볶은 후 면수를 3국자 붓고 끓으면 삶은 링귀네를 넣어 고루 섞는다.

RECIPE #6

⑥ 세발나물을 넣고 빠르게 볶은 후 접시에 담는다.

⑦ 란자를 올리고 노랑 고추, 말린 차이브꽃을 올리고 파프리카 파우더, 칠리 오일을 뿌려 완성한다.

RECIPE #7

TIP
자투리 빵이 있다면 오븐에 수분이 날아가도록 바삭하게 구워 부숴두고 파스타에 토핑으로 쓰면 식감이 다채로워진다.

02S

Deviled eggs

데빌드 에그

031

　　할리우드 영화 세대인 만큼 영화를 통해 접하게 된 음식들이 많다. 1997년쯤이었나 여명과 장만옥이 주연으로 나왔던 영화 '첨밀밀'이 떠오른다. 좋아하는 영화이기도 하고 명작인 만큼 모든 장면이 인상적이었는데 그중에서도 한 장면이 크게 다가왔었다. 놀랍게도 그 당시엔 먹는 것에 완전 관심이 없었을 때였다. 믿기 어렵겠지만… 진짜다.

　　여주인공이 파티 중에 소시지와 파인애플이 꽂혀 있는 핑거 푸드를 먹는 장면이었는데 그 맛이 정말 궁금해 만들어 먹어봤고 그걸 계기로 하와이안 피자에 빠지게 됐다. 덕분에 과일과 육류가 만나면서 선사하는 맛에 눈을 뜨기도 했다. 그 후로도 종종 영화를 보다 음식에 대한 호기심이 생기곤 했는데 데빌드 에그도 그중 하나다. 미국 파티엔 늘 삶은 달걀 반쪽으로 만든 핑거 푸드가 있는 걸 보며 그게 파티 음식이라는 걸 알게 됐다. 그리고 또 언젠가는 미국 하이틴 영화에서 여자 주인공이 드레스를 입기 위해 며칠을 굶고 파티에 도착하자마자 데빌드 에그를 먹는 장면을 봤는데 그때 이 메뉴가 왜 파티에 있어야만 하는지 알았다. 파티에 어울리는 예쁜 모양새를 갖고 있는 동시에 작지만 포만감을 준다는 것. 그게 바로 데빌드 에그의 매력이다.

　　나에게 데빌드 에그는 음식 이상이다. 나의 청소년기 영화 속에서도 느꼈듯 새로움과 호기심을 주는 영감의 원천이다. 작은 달걀 하나가 이리도 힘이 크다. 처음에는 그냥 달걀의 부드러운 맛이 전부라 생각했지만 이곳저곳 다녀보고 경험해보니 데빌드 에그는 내가 그리고 싶은 대로 재료를 쓸 수 있다는 걸 깨달았다.

　　반전 포인트로 안쪽에 다른 걸 숨겨놓을 수도 있고 매콤한 맛, 단맛, 짭짤한 맛으로 표현하기에도 좋다. 단순히 달걀을 삶아 먹지만 말고 다양하게 즐겼으면 하는 마음이 크다. 난 종종 달걀 10개를 쪄서 만들어 먹곤 하는데 혼자 몽땅 먹는 파티 음식이라는 생각에 피식 웃음이 나오기도 한다.

참치 데빌드 에그

Ingredients

삶은달걀 3개 • 캔 참치(200g) 1캔
마요네즈 3+1/2Ts • 스리라차 1Ts
타바스코 1/2Ts • 딸기잼 적당량
후춧가루 약간

가니시
스리라차 약간 • 차이브 약간

Recipe

① 삶은달걀은 반으로 썰어 달걀흰자와 노른자를 분리한다.

② 참치는 기름기를 빼고 덩어리가 지지 않도록 고슬고슬하게 풀어 놓는다.

③ 볼에 ②와 달걀노른자, 마요네즈를 넣고 고루 섞는다.

TIP
달걀노른자는 다른 재료를 섞을 때 함께 넣어도 좋고 마지막에 손으로 뜯어 올려도 좋다.

④ 스리라차, 타바스코, 후춧가루를 넣고 부드럽게 섞는다.

⑤ 달걀흰자에 ④를 채우고 접시에 담은 뒤 스리라차와 송송 썬 차이브로 장식해 완성한다.

TIP
참치 믹스처를 채울 때는 스푼보다 포크를 쓰는 걸 추천한다. 달걀흰자에 딸기잼을 1t씩 먼저 넣은 뒤 속을 채워도 맛있다.

시금치 감자 데빌드 에그

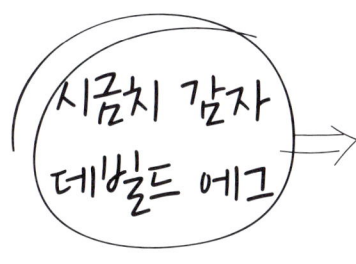

Ingredients

갈둥크느 3개 • 감자 1개
시금치 1/2단 • 휘핑크림 100g
안초비 2개 • 마요네즈 적당량
올리브오일 약간 • 소금 약간

안초비
@armatorecetara
@delfinobattista

Recipe

① 갈둥크느은 반으로 썰고 감자는 푹 삶아 껍질을 제거한다.

② 시금치는 끓는 물에 데친 뒤 물기를 꼭 짠다.

③ 블렌더에 감자와 시금치, 휘핑크림, 마요네즈를 넣어 곱게 간다.

④ 접시에 달걀을 자른 단면이 아래로 가게 올리고 ③을 얹는다.

⑤ 달걀 위에 안초비를 얹고 올리브오일과 소금을 살짝 뿌려 완성한다.

034

Mimolette blanket salad

미몰레트 이불 샐러드

Recipe #6

　예쁜 오렌지 컬러에 공 모양의 울퉁불퉁한 외피를 가진 미몰레트 치즈는 여름 과일과 특히 완벽한 조합을 보여준다. 과즙이 꽉 찬 복숭아나 자두, 살구를 숭덩숭덩 썰어 담고 미몰레트 치즈를 듬뿍, 진짜 정말 아주 듬뿍 갈아 올려준다. 미몰레트 치즈 특유의 견과류 향이 새콤달콤한 과일과 만나면 한마디로 끝내주는 맛이 된다. 그 모습이 마치 이불을 덮은 것과 같아 미몰레트 이불 샐러드로 부르기 시작한, 나의 아끼는 여름 샐러드 레시피 중 하나이다. 언뜻 보면 보타르가처럼 고급 식재료로 보이는 페이크적인 요소도 있고 갈아 먹으면 10인분으로 양 불리기까지 가능하니 참으로 고맙고 기특한 메뉴가 아닐까? 누군가의 먹는 방법과 모습은 늘 재미있다. 하지만 그것이 절대적이진 않다. 모두 다 똑같이 따라 할 필요는 없다는 게 내 생각. 그리고 난 꼭 다르게 만들어 먹으면서 희열을 느끼는 사람이다. 그런 면에서 치즈를 자르거나, 갈거나, 녹이는 행위는 오롯이 나의 자유! 맛있고 아름답게 먹는 행위를 추앙한다. 치즈 그레이터는 비싸고 좋은 브랜드 제품을 사자! 그 값을 충분히 한다. 이따금 하나씩 좋은 도구를 사는 것도 소소한 힐링이 될 수 있다. 소중한 나를 위해. 사실 이 모든 메뉴는 누구를 위한 것이 아니라 나를 위한 요리 한 접시에서 시작됐다. 그래서 누군가의 눈치를 볼 필요가 없고 정해진 룰도 없어 곳곳에 아름다움이 가득하다!

Recipe #1

Mimolette blanket salad

Ingredients

참외 1개 • 살구 3개
레이니어 체리 10개 • 라디치오 5장
루콜라 1/2줌 • 콜리플라워 60g
셀러리 1대 • 갑동로즈 1개
딜 1줄기 • 블루 도베르뉴 치즈 10g
이즈니 6개월 미몰레트 치즈 25g

드레싱
올리브오일 약간
레드와인 비네거 약간
소금 약간 • 후춧가루 약간

Recipe

① 모든 과일과 채소는 한입 크기로 썬다. 살구와 체리는 씨를 제거한다.

TIP
어차피 치즈로 수북이 덮기 때문에 상처 나거나 조금 못생긴 재료를 사용해도 좋다. 채소는 얼음물에 미리 담가 놓으면 아삭한 식감을 살릴 수 있다.

② 셀러리는 채칼로 얇게 슬라이스한다.

③ 볼에 ①과 ②를 넣고 올리브오일로 살짝 버무린다.

④ 접시에 담아 감동코롱을 1/4 크기로 올리고 딜은 손으로 뜯어 뿌린다.

⑤ 올리브오일과 레드와인 비니거, 소금을 살짝 뿌린다.

TIP
레드와인 비니거는 향이 날 정도로만 살짝 뿌린다.

Recipe #5

비니거
@giuseppe.giusti_kr
@winenfood_official
@chateau.estoublon
@duciduci.italianfood
@clovisreims

⑥ 블루치즈를 큼지막하게 뜯어 올리고 미몰레트 치즈를 그레이터로 갈아 듬뿍 올린 뒤 후춧가루를 뿌려 완성한다.

TIP
재료는 손질을 전부 마친 상태에서 담는 게 편하다. 다양한 형태의 재료를 조금씩 섞어 쌓아올린다고 생각하며 색감과 볼륨감을 살려 담는다. 블루치즈도 과감하게 듬뿍! 블루치즈가 어려웠던 사람도 분명 좋아하게 될 것.

040

Orange feta toast

Bread

오렌지 페타 토스트

　　브리오슈도 식빵도 바게트도 크루아상도 꼭 이렇게 먹어야 한다는 원칙은 없다. 여기저기 떠도는 레시피나 정보들은 내게 획일적이고 조금 지루하게 느껴진다. 맛에 정의는 없다. 개인의 취향이니 다양한 방법과 재료로 자유롭게 만들어보면 좋겠다. 베이커가 생각하는 빵 요리는 정말 무한한 세계다. 프렌치토스트 위에 꿀도, 아이스크림도, 다양한 시럽도 함께 곁들이곤 하는데 디핑 소스를 다양하게 만들어 찍어 먹으면 또 다르고, 샐러드를 만들어 올려 먹으면 또 새롭다. 빵을 썰 때도 넓고 얇게, 또 가늘고 굵게 썰어보면 써는 방식에 따라 달라지는 토스트 모습에 분명 감탄할 것이다. 나는 아무래도 늘 새롭게 만들어 먹는 걸 좋아하다 보니 형태도 재료도 규정된 건 없다. 그때의 계절과 날씨, 나의 입맛이 그날의 샌드위치 레시피다. 그래서 제일 좋아하는 샌드위치를 몇 가지만 추려 순위를 정하기는 어렵다. 제철 과일과 채소를 이용해 샐러드를 만들어 올려 먹기도 하고 초콜릿이나 꿀, 잼, 다양한 페스토를 만들어 곁들이기도 한다. 그래서 늘 똑같은 레시피는 없다. 아마 프렌치토스트는 나보다 더 맛있게 만드는 분들이 많을 거라 생각한다. 그 부분은 누구보다 이 책을 읽는 분들이 잘 알 테니 나는 함께 곁들이는 요리에 대해 말해주고 싶다. 여름의 상큼한 복숭아를 팬에 구워 올려도 좋고 새콤한 드레싱에 살짝 무친 녹색 채소 샐러드를 올려도 좋다. 녹인 초콜릿에 아몬드와 피스타치오를 다져 뿌리면 훨씬 풍성하고 아름다운 맛이 난다. 그리고 덤으로 빵을 통으로 구입해 내가 직접 써는 것부터 샌드위치의 개성이 시작된다는 걸 기억하자. 삐뚤삐뚤 어색해도 자연스러운 그 멋짐이 최고의 센스가 될 수 있다.

아끼기

Orange feta toast

Ingredients

바게트(약 170g) 1개
버터 30g
달걀 2개
우유 1/2C
소금 3꼬집
설탕 1ts

적양파 1/3개
케이퍼 베리 5알
셀러리 1/2대
민트 2줄기
오렌지 1개
화이트 발사믹 비니거 1TS
페타 치즈 80g
루꼴라 약간
올리브오일 적당량
소금 1꼬집
후춧가루 약간

Recipe

① 볼에 달걀과 우유, 소금, 설탕을 넣고 고루 푼다.

TIP
우유를 많이 넣어 묽게 만들면 더 촉촉하게 만들 수 있다.

② 바게트는 두툼하게 슬라이스하고 포크로 구멍을 낸 뒤 달걀물에 적신다.

③ 달군 팬에 버터를 두르고 ②를 올린다.

TIP
설탕을 뿌려 구워도 좋고 구운 후에 설탕을 뿌려도 좋다.

④ 적양파와 케이퍼 베리는 슬라이스하고 셀러리는 어슷하게 썬다.

⑤ 민트는 잘게 다지고 오렌지는 껍질을 벗겨 자유롭게 썬다.

⑥ 볼에 ④와 ⑤를 넣고 화이트 발사믹 비니거, 올리브오일, 소금, 후춧가루로 버무린다.

⑦ 구운 빵에 페타 치즈를 얇게 떠 올리고 ⑥을 올린다.

⑧ 루콜라로 장식한 뒤 후춧가루와 올리브오일로 마무리한다.

Apple caprese tartine

사과 카프레제 타르틴

049

샌드위치 덕후로서 제일 많이 받는 질문은? "양쉡~ 오븐이나 토스터는 어떤 거 사용하세요?" "어떻게 구워야 맛나요?" "샌드위치 만드는데 빵은 꼭 구워야 되나요?" 이런 모든 질문에 자세하게 답할 수는 없지만 늘 "프라이팬에 버터나 올리브오일 등을 두르고 직접 빵을 구워야 맛있어요"라거나 "편하지는 않지만 그렇다고 어렵지도 않아요, 그저 조금 귀찮을 뿐이지"라고 대답한다. 빵을 팬에 직접 구우면 빵의 종류에 따라 불 조절이 가능하다. 또 개인적으로 세이지나 로즈메리, 바질 등 허브와 함께 굽는 걸 좋아하는데 이렇게 하면 향까지 더해져 더욱 맛나게 먹을 수 있다. 마늘 향을 입혀도 좋고 설탕을 살짝 뿌려 빵 표면에 코팅해주면 똑같은 레시피도 다른 맛을 내게 하는 킥이 된다. 단순하게 먹어도 사실 보통 맛은 아니다. 빵쟁이이다 보니 빵 굽기에 정말 진심이다. 손이 가는 만큼 맛있어지는 건 당연한 사실! 그렇다고 토스터나 오븐 사용을 금하는 건 절대 아니다. 그것들도 또 나름대로 필요할 때가 있는 법이니까. 알다시피 나는 샐러드를 무척 좋아한다. 샐러드도 한계 없이 다양하게 만들어 먹는다. 그리고 빵과는 정말 떼려야 뗄 수 없는 존재이기도 하다. 샐러드를 구운 빵 위에 올리면 타르틴이 된다. 아마 이런 식으로 조합한다면 다채로운 타르틴 레시피가 떠오를 거다. 빵 위에 못 올릴 게 없으니 쉽게 생각했으면 좋겠다. 호밀빵을 구워 약간의 허브와 사과, 치즈를 카프레제처럼 썰어 올린다. 그냥 먹어도 맛나고 싱그럽다. 상큼한 드레싱을 만들어 곁들이고 잼이나 꿀을 뿌려도 어울린다. 나는 황잣을 곱게 갈아 뿌렸는데 호두나 아몬드도 좋다. 어떤 견과류라도 상관없을 듯하다. 얇은 프로슈토를 올려도 맛나지만 오늘은 사과에 집중! 남들과 똑같이 만들어 먹는 건 지루하고 재미없다. 더하고 빼고 개인 취향의 샌드위치를 만들기 바란다.

Recipe #1

빵
@maison_jo_
@patisserietaffin
@tartinbakeryseoul
@on.the____

Recipe #2

Apple caprese tartine

Ingredients

호밀빵 2쪽 ◦ 사과 1/2개
Le 1921 치즈 110g ◦ 루콜라 6줄기
바질 잎 7장 ◦ 잣 1/2줌
가염 버터 약간 ◦ 후춧가루 약간
올리브오일 약간

① 달군 팬에 버터를 두르고 호밀빵을 앞뒤로 노릇하게 굽는다.

⇩

TIP
빵은 굽지 않으면 햅쌀밥에 묵은 반찬을 먹는 것과 똑같다. 단맛을 추가하고 싶다면 잼을 바를 것. 개인적으로는 꿀과 머스터드를 섞어 바르는 걸 추천한다.

Recipe #4

② 사과와 브리 치즈는 슬라이스한다.

③ 구운 호밀빵 위에 루콜라를 올린다.

④ 치즈와 사과, 바질 잎을 하나씩 겹쳐 올린다.

⑤ 부순 잣과 후춧가루, 올리브오일을 뿌려 완성한다.

052

Strawberry balsamic yogurt

Fruit

딸기 발사믹 요거트

Strawberry balsamic yogurt

Recipe #2

Ingredients
↓
셀러리 잎 3대 분량
펜넬 잎 4g
딸기 180g
그릭 요거트 150g
발사믹 비니거 6TS
꿀 1TS
피스타치오 약간
스테른잼 1TS
올리브오일 약간
레몬 제스트 약간
후춧가루 약간

    그릭 요거트는 특유의 산미가 있어 의외로 어떤 요리와도 잘 어울린다. 제일 구하기 쉬운 과일을 곁들여보자. 개인적인 생각으로 딸기는 제철의 죽향, 금실 등 단단한 육질의 품종이 좋고 노지의 자잘하고 새콤한 딸기도 다르게 맛이 좋다. 발사믹 비니거를 먼저 졸인 뒤 딸기를 넣어 살짝만 끓여도 좋고 뭉근하게 끓여 콩포트처럼 만들어도 맛있다. 설탕은 잠시 내려놓고 단맛보다는 산미에 포인트를 두자. 딸기 발사믹 조림을 색다르게 만들고 싶을 때는 포도를 껍질째 넣거나 체리를 함께 넣어 졸이기도 한다. 산미를 더하고 싶을 땐 레몬즙이나 타바스코, 머스터드를 살짝 넣거나 로즈메리를 넣고 졸이면 풍미가 배가된다. 다양한 방법으로 만들어 자기만의 취향을 찾아보길! 아침에는 그릭 요거트에 올려 먹고 빵 한 조각을 구워 곁들여보자. 스테이크에 곁들이는 사이드 메뉴로도 멋지다. 딸기, 발사믹 비니거, 그릭 요거트, 여러 가지 허브들, 꿀… 재료 하나하나로 다양한 맛과 그림을 그릴 수 있다. 이 메뉴는 딸기 철이 되면 늘 내 인스타그램 계정에서 다양한 버전으로 만나는 레시피이다. 일상적인 계절의 아름다운 한 접시로 또 만나자.

Recipe

① 셀러리 잎과 펜넬 잎은 잘게 다지고 딸기는 적당한 크기로 썬다.

TIP 딸기는 너무 작게 썰면 뭉개질 수 있으니 주의한다.

② 볼에 그릭 요거트와 셀러리 잎, 펜넬 잎을 넣고 고루 섞는다.

TIP 더 진하고 깊은 맛을 원한다면 그릭 요거트 대신 사워크림이나 프로마쥬 블랑을 넣거나 섞어 써도 좋다.

③ 냄비에 발사믹 비니거와 꿀, 후춧가루를 넣고 약간 걸쭉한 농도가 나도록 끓인다.

TIP 금방 타버릴 수 있으니 중불에서 은근하게 졸인다.

④ 딸기를 넣고 살짝 섞는 느낌으로 빠르게 끓인 후 불에서 내린다.

TIP 오래 끓이면 콩포트가 된다. 수분감이 있게 만들고 싶을 때는 딸기를 살짝 으깨면서 섞어주면 좋다.

Recipe #6

Recipe #7

⑤ 접시나 납작한 볼에 ②를 자연스럽게 담는다.

⑥ ④를 올리고 거칠게 부순 피스타치오를 뿌린 후 스테츠잼을 올린다.

TIP 남은 조림 리퀴드는 빵에 디핑 소스로 활용하거나 샐러드 드레싱으로 써도 좋다.

⑦ 올리브오일과 레몬 제스트를 뿌려 완성한다.

Caviar egg salad

캐비아 달걀샐러드

달걀과 캐비아의 조합에 무슨 말이 필요하겠느냐마는 캐비아는 나에게 자주 먹지 않는 식재료이자 비싼 식재료이기도 하다. 그렇지만 한번은 먹어봐야 하지 않을까 생각한다. 즉, 충분히 돈을 내고 사 먹을 만한 가치가 있는 것, 맛보다 기분이 더 좋아져 아깝지 않은 식재료인 셈이다. 적어도 나에겐 그렇다. 무언가 상징적이기도 하고 다이닝 메뉴에 있다면 어김없이 꼭 주문하는 메뉴이기도 하다.

얼마 전에 캐비아를 좋아한다고 소문을 냈더니 친구가 카자흐스탄, 러시아 출장길에 함께 먹기에도 아주 큰 통을 사 와 선물해줬다. 덕분에 달걀프라이에 한 스푼 올려 먹었는데 그야말로 행복의 맛이었다. 아, 달걀프라이는 꼭 진한 오렌지색을 띠는 달걀노른자를 품고 있어야 한다. 사실 쿡북에도 멋진 달걀프라이 위에 캐비아 한 스푼 올려 찍고 싶었다. 이 두 가지 재료가 주는 컬러의 대비도 상상해봤으면 좋겠다. 나는 참으로 예쁘고 맛있는 식재료의 조합, 자연의 컬러를 사랑한다. 하얗고 노란 또는 오렌지색 달걀 위에 올라간 까만 캐비아는 보는 것만으로도 아름답고 맛있다. 식재료에 가격은 존재하지만 위와 아래는 없다고 생각한다. 좋고 나쁨도 없고… 스스로의 자세가 중요한 게 아닐까? 다양함을 경험해보길 바라는 마음이다. 그 안에서 나에게 맞는 재료를 만나고 자기만의 레시피를 발견한다는 건 참으로 재밌는 일이니까.

예전 파리 여행에서 우연히 말린 캐비아를 산 적이 있다. 보타르가처럼 그레이터에 갈아 먹는 캐비아였는데 캐비아를 그냥 먹는 걸로만 알았던 나에겐 신선한 충격이었다. 식재료에 대한 생각을 바꿔준 경험 중 하나이기도 했다. 그런 경험들이 하나씩 쌓이다 보니 심플해 보여도 그냥 만든 게 아닌, 이유 있는 한 접시를 만들게 됐다. 난 이렇게 재밌는 식재료의 세계에서 지금도 계속해서 느끼고 배워가는 중이다.

Caviar egg salad

Ingredients

삶은달걀 2개 • 딜 1줄기
마요네즈 1+1/2Ts • 후춧가루 약간
캐비아 약간 • 크래커 약간

Recipe #2

Recipe →

① 삶은달걀과 딜을 캐비아와 비슷한 크기로 다진다.

② 볼에 ①과 마요네즈를 넣고 버무린다.

③ 접시에 담고 후춧가루를 살짝 뿌린 후 캐비아와 크래커를 곁들여 완성한다.

060

Tomato soup

차가운 토마토 수프

개인적으로 수프를 굉장히 좋아한다. 마치 내 스스로를 챙겨주는 요리 같다고나 할까? 그 계절에 가장 많이 나고 넘쳐나는 것들로 수프를 만든다. 모든 게 수프의 주재료가 될 수 있다. 호박부터 옥수수, 감자, 베리, 버섯까지… 하나하나 셀 수 없을 정도로 많다. 그래서 수프는 재밌다. 재료의 색과 향을 유지하면서 한입 먹었을 때 느껴지는 그 크리미함을 사랑한다. 나의 수프는 그 계절의 컬러다. 그리고 토핑으로 그날의 나를 표현한다. 베리, 허브, 과일 등 좋아하는 것들을 듬뿍 올린다. 내 수프를 만나본 사람들은 하나같이 행복해하고 아름답다고 표현해주곤 한다. 단순한 음식이 나를 이렇게 근사한 사람으로 만들어준다. 이것이 바로 노동의 아름다움이 아닐까? 그렇기에 나는 만드는 사람인가보다.

토마토는 사계절 내내 마트나 백화점, 시장 어디에서든지 만날 수 있지만 여름에는 꼭 농장에서 갓 따온 토마토의 맛을 느껴봤으면 좋겠다. 그 무엇도 이길 수 없는 맛이니까. 여름이 다가오면 맛난 토마토라 소문난 곳은 어디든 찾아 주문한다. 최근에는 마르쉐에서 만난 매봉 농장에서 종종 주문해 먹는데 싱싱하고 향이 진하다. 동양적인 토마토의 맛이 나고 육질이 단단해 수프로 끓여 먹기에 딱이다. 잘 익은 빨간 토마토는 상상 이상의 행복을 준다. 거기에 좋아하는 이탈리아 토스카나 올리브오일을 듬뿍 뿌려 한입 먹으면 이곳이 잠시 한국이라는 걸 잊게 된다.

Tomato soup

TIP
바게트나 사워도우를 올리브오일에 굽고 마늘을 발라 함께 곁들이면 한 끼 식사로도 훌륭하다.

Ingredients

↓

가니시
오이 1/4개
칼라마타 올리브 6개
프로슈토 1장
블루 도베르뉴 치즈 약간
아티초크(캔) 약간
딜 약간

토마토 10개
홀 토마토(400g) 1캔
소금 약간 · 올리브오일 약간

Recipe #1

토마토
@myfatherisfarmer

Recipe #6

Recipe

① 토마토는 껍질을 벗기고 손으로 으깬다.

TIP
쓴맛이나 입안에서 거슬리는 느낌이 싫을 경우에는 씨를 제거한다.

② 냄비에 ①과 홀 토마토를 넣고 토마토 과육이 자연스럽게 뭉개질 때까지 끓인 후 불을 끈다.

TIP
오래 끓이면 쓴맛이 날 수 있으니 주의한다.

③ 소금으로 간하고 식힌 뒤 냉장실에 보관한다.

④ 오이는 껍질을 살짝만 벗기고 씨를 제거한 후 반달 모양으로 썬다.

⑤ 딜은 곱게 다지고 칼라마타 올리브는 잘게 썬다.

⑥ 볼에 ④와 ⑤, 올리브오일을 넣고 고루 섞는다.

⑦ 그릇에 토마토 수프를 담고 나머지 가니시를 조화롭게 올린 뒤 올리브오일을 뿌려 완성한다.

TIP
프로슈토와 치즈, 아티초크는 자연스럽게 손으로 뜯어 올린다.

Recipe #7

Baked pavé d'Affinois cheese

파베 다피누아 치즈 구이

    나는 진하고 녹진한 맛을 좋아한다. 치즈도 라이트한 것보다는 진한 걸 선호한다. 그에 맞는 치즈가 바로 '파베 다피누아'인데 치즈 초보자도 먹어보면 대다수가 반한다. 몰라서 망설일 뿐… 안 사본 사람은 있어도 한 번만 구매한 사람은 없는 치즈이니 우연히 마주치게 된다면 망설이지 말고 구매하자. 그냥 툭툭 썰어 사과나 배와 함께 샌드위치를 만들어도 맛있다. 크림 파스타를 만들 때 꼭 넣는 치즈 중 하나로 이때 부순 견과류를 더하거나 해산물을 넣어도 잘 어울린다. 개인적으로는 크림 파스타의 매력이 제일 잘 드러나는 치즈인 듯. 단! 맛과 풍미가 달라질 수 있으니 너무 오래 끓이지 말 것. 몽도르 Mont d'or 가 수입되지 않는 한국에서 그 아쉬움을 충분히 달래줄 치즈다. 통째로 오븐이나 토치로 녹이듯 구워 위 표면을 떠내 속살을 녹이고 그리시니나 빵에 발라 먹으면 그 맛 또한 아름답다. 최고! 누군가가 그렇게 먹는 게 아니라고 말한다면 내가 할 말은? 내 마음이라고. 내가 좋아 만들어 먹는 내 집에서 그런 말을 하는 치즈 전문가라면 필요 없다.

    럼이나 다른 술에 절인 건조 과일은 빵을 만들 때 부재료로 자주 사용한다. 빵에 두툼하게 썬 치즈와 만들어둔 건조 과일 절임을 넣어 샌드위치를 만들어 먹곤 하는데 모두가 알았으면 하는 맛이다. 아니 모르는 사람이 있어서는 안 되는 맛이라고 하는 게 맞겠다. 그 맛을 알게 된 후로 다양한 요리에 건조 과일 절임을 더하는 게 나름 나만의 킥이 되었다. 와인은 어차피 절임용이니 마시다 남은 것 등 저렴한 와인을 사용하면 된다. 포트와인이나 럼에 절이면 진한 풍미를 더할 수 있다. 설탕을 넣지 않기 때문에 쌉싸래한 맛이 강해 맛없다고 느낄 수도 있는데 만약 그렇다면 설탕을 듬뿍 넣어 만들어도 상관없다. 하지만 요리를 할 때는 다른 재료들이 그 맛을 보충해주기 때문에 되도록 자연스러운 맛으로 만들길 바란다.

Baked pavé d'Affinois cheese

[건조 과일
@delightgarden_]

Ingredients

슬라이스한 주키니 4장 ○ 버터 2Ts
파베 다피누아 셀렉션 더블크림치즈 154g
파베 다피누아 블루치즈 60g
페이장브레통 라 바게트 치즈 57g
제르맹 랑그르 치즈 100g
블랙 올리브 12개
칼라마타 그린 올리브 3개
타임 3줄기 ○ 올리브오일 적당량
딸기잼 또는 라즈베리잼 약간
차이브꽃 약간

건조 과일 절임
건조 과일 적당량
레드 와인(포트와인 또는 럼) 적당량

Recipe

Recipe #6

① 깨끗이 소독한 유리병에 말린 무화과, 체리, 크랜베리 등 건조 과일을 담고 와인을 잠길 정도로 붓는다. 냉장실에서 1주일 정도 보관한 후 사용한다.

② 얇게 슬라이스한 주키니로 오븐 용기 안쪽 면을 둘러싼다.

③ 바닥에 버터를 펴 바른 후 반으로 자른 크림치즈를 단면이 위로 가게 담는다. 나머지 치즈들도 군데군데 잘라 넣는다.

④ 건조 과일 절임 2~3T과 올리브를 치즈 위에 골고루 얹는다. 건조 과일 절임 리퀴드도 살짝 뿌린다.

⑤ 타임을 뿌리고 180℃로 예열한 오븐에서 치즈가 살짝 녹을 정도로만 굽는다.

TIP 토치를 사용해 윗면만 살짝 녹여도 좋다.

TIP 그리시니나 크래커, 얇게 썬 빵에 곁들이면 잘 어울린다.

⑥ 올리브오일을 듬뿍 뿌리고 라즈베리 잼을 토핑 사이사이에 올린 뒤 차이브 꽃으로 장식해 완성한다.

070

Perilla apple fries

Fruit

들깨 사과 튀김

사과 튀김은 디저트의 개념인데 애플 프리터를 먹어본 사람이라면 그리 생소하게 느껴지진 않을 것 같다. 사과는 조리할 때 덜 익혀도, 푹 익혀도 그 식감대로 매력적이다. 시판용 튀김가루로 튀김옷을 간단히 만들어 사과를 숭덩숭덩 잘라 넣고 달군 식용유에 살짝만 튀긴다. 베이커로서 반죽 레시피 정도는 쉽게 짤 수 있겠지만 나도 편한 게 좋을 때가 많다. 시판 튀김가루에 이것저것 재료를 추가하거나 물 조절만으로도 훌륭한 튀김을 만들 수 있다. 치즈를 듬뿍 갈아 올리거나 설탕에 굴리기도 하고 초콜릿을 녹여 글레이즈해도 좋다. 캐러멜을 끓일 줄 안다면 비주얼도 맛도 더더욱 업그레이드된 사과 튀김을 만들 수 있다. 사과는 큼지막하게 튀겨도 좋고 야채 튀김처럼 채 썰어 튀겨도 맛나다. 다른 과일이나 채소를 곁들여 튀기면 색다른 사과 요리를 만들 수 있다. 들깨는 참 좋아하는 식재료 중 하나라서 튀김옷에 더했다. 고소한 풍미뿐만 아니라 톡톡 씹히는 재미도 있다. 샐러드에 뿌려 먹기도 하고 밥을 지을 때 직접 넣기도 한다. 사과 샐러드를 만들 때도 들깨 드레싱 강추! 식재료에 대한 무한한 상상력은 더욱 특별한 결과를 가져오기 마련이다. 틀에서 벗어나기만 한다면 식재료의 쓰임새는 무궁무진해질 수 있다는 것을 잊지 않길 바란다. 튀김 반죽에 다진 허브나 좋아하는 치즈(그라나파다노 치즈, 파르미지아노레지아노 치즈 등)를 갈아 넣어도 맛이 좋다. 비트즙으로 컬러를 내기도 하고 가끔은 땅콩 오일이나 헤이즐넛 오일에 튀기기도 하는데 더 고소하고 맛있다. 그릭 요거트와 레몬으로 만든 디핑소스나 사워크림에 찍어 먹는 것도 추천한다.

Perilla apple fries

Ingredients

사과 1개
튀김 가루 4TS • 물 120ml
통들깨 1TS • 설탕 적당량
페코리노 치즈(옵션) 약간

RECIPE

① 사과는 6등분하고 씨 부분의 속을 제거한다.

TIP
보통 겉껍질이 빨간 사과가 산미가 좋다. 홍옥 품종을 추천한다.

② 볼에 튀김 가루와 통들깨, 물을 넣어 튀김옷을 만든다.

③ 사과 껍질이 보일 정도로 튀김옷을 가볍게 입힌다.

④ 달군 식용유에 튀김옷만 익을 정도로 살짝 튀긴다. 모양이 들쑥날쑥해도 예쁘다.

⑤ 설탕에 굴려 접시에 담고 취향에 따라 페코리노 치즈를 갈아 올려 완성한다.

074

Grana padano kale gnocchi

그라나파다노 케일 뇨키

사십이 넘어가자 하고 싶은 일이 생겼다. 그래서 매일 자료를 찾고 검색을 정말 많이도 하던 때가 있었다. 파스타이오*pastaio*라는 폴더를 만들고 꼼꼼하게 자료를 모아 아이디어 스케치를 했다. 코로나19 때문에 잠시 접었지만 파스타는 언젠간 꼭 제대로 배워보고 싶은 장르다.

안식년을 보내는 동안 종종 국내의 이탈리아 셰프들이 진행하는 파스타 수업을 듣고 좋아하는 셰프들의 영상을 보는 게 나의 나날이기도 하다. 이러한 시간은 내게 많은 영감을 주고 재료에 대한 스펙트럼을 넓혀주기도 한다. 사실 집에서 칼국수 면이나 수제비 등 이미 다들 잘 만들어 먹곤 하니 뭐가 특별하겠느냐마는 일단 눈치 보지 말고 겁 없이 해보는 것이 중요하다. 수입되는 시판용 면들이 훌륭하니 먼저 집으로 이 녀석들을 주문하는 것부터 시작해보자. 뇨키든 생면이든 라비올리든 뭐가 좋고 나쁘고는 없으니 거침없이 사용해보길 바란다. 쿡북엔 편하게 조리하며 자유롭게 응용할 수 있도록 시판용 뇨키를 사용했지만 파스타 꿈나무라면 한여름 맛있는 하지감자를 포슬포슬하게 쪄서 그라나파다노 치즈나 페코리노 치즈를 듬뿍 갈아 넣고 직접 뇨키를 만들어도 좋다. 감자 옹심이의 민족이니 망칠 일은 없을 거다. 모양도 제각각이지만 나름대로 다 자기만의 예쁨이 있다. 나도 올여름이 가기 전에 감자 한 박스를 주문해 뇨키를 만들 계획이다. 잊지 않고 SNS에 레시피도 올릴 테니 기대하시라!

크림 듬뿍 뇨키도 만들어봤다면 튀긴 제철 채소와 버터에 구운 뇨키를 치즈에 버무려 포크로 하나씩 집어 먹어보자. 한여름 시칠리아 와인 한 병과 함께하면 짭짤한 치즈 요리처럼 술술 들어간다. 여기서 포인트는 뇨키를 앞뒤로 버터에 노릇하게 지지듯 굽는 것이다. 한 솥 끓인 블루베리 콩포트가 있어 함께 곁들여보니 좋아하는 식재료로 편견 없이 만든다면 파스타야말로 더욱 아름답게 즐길 수 있는 한 접시 요리가 된다.

Grana padano kale gnocchi

Ingredients

치즈 감자 뇨키 260g • 케일(작은 잎) 9장
가염 버터 적당량 • 아몬드 약간
황잣 약간 • 벨라주 타히니 약간
그라나파다노 치즈 적당량
후춧가루 약간

Recipe #4

Recipe ⟹

① 치즈 감자 뇨키는 끓는 물에 넣고 10분간 익혀 물기를 제거한다.

② 팬에 버터를 두르고 색이 진하게 날 때까지 튀기듯 굽는다.

③ 팬 한쪽에 심을 제거한 케일을 넣고 굽는다.

④ 접시에 ②와 ③을 담고 부순 견과류와 타히니, 간 그라나파다노 치즈, 후춧가루를 뿌려 완성한다.

TIP
부순 견과류와 타히니를 듬뿍 뿌리면 맛이 더욱 풍부해진다. 새콤한 콩포트를 함께 올려 색다르게 즐겨봐도 좋다.

Burrata plate salad

부라타 접시 샐러드

Recipe #4

잼
@lachambreauxconfitures
@confitureparisienne

젤리, 캔디류
@jeonpaul_hevin
@boissierparis
@angelina_paris

Recipe #8

이 샐러드야말로 진짜 제철 재료가 돋보이는 샐러드이다. 오롯이 재료 전부가 드러나는 회화 작품 같은 샐러드. 모차렐라 속 스트라치아텔라 stracciatella의 부드러운 풍미와 허브, 잼, 계절의 과일이 만나 정말 멋진 맛이 탄생한다. 이건 안 먹으면 손해다. 부라타 치즈 중에서도 버펄로유로 만든 걸 가장 좋아하는데 한국에선 구하기가 쉽지 않아 가끔 발견하면 일단 사고 본다.

이 샐러드는 만들 때마다 친구가 '100호짜리 샐러드 그림 액자'로 만들어 갖고 싶을 정도라고 말한다. 먹기에도 좋지만 계속 보고 싶을 정도로 빠져드는 그림 같은 샐러드라고. 정말 기분 좋은 말이다. 어쩌면 요리에 관심을 갖게 된 이후 베이커로서 들은 최고의 칭찬이지 않을까 싶다. 작은 치즈 볼 하나에 그 계절에 좋아하는 식재료를 담는 일은 소소하지만 아름다운 일! 레시피를 정확히 지키는 게 어려운 자유로운 이들에겐 최고의 레시피이지 않을까?

상식과 틀은 잠시 접어두고 접시에 부라타 치즈를 펴자! 만드는 재미는 물론이고 한 스푼 떠먹었을 때 느껴지는 다채로운 맛과 시간에 놀라게 된다.

Ingredients →

렌틸콩 1ts • 호두 오일 약간
천혜향 1/2개
부라타 치즈 2개
매종조 잡봉 빽시에 50g
장 폴 에방 파테 드 프루 적당량
허브(파인애플 민트, 딜, 시소) 적당량

드레싱
디종 머스터드 1/2ts • 민트 젤리 1/2ts
라즈베리잼 1/2ts
화이트 발사믹 비네거 1/2ts
올리브오일 약간
소금 약간

Burrata plate salad

Recipe

① 렌틸콩은 끓는 물에 넣어 20분간 저어가며 삶고 체에 건진 후 호두 오일에 버무린다.

② 천혜향은 원하는 크기와 모양으로 썬다.

③ 접시에 부라타 치즈를 올리고 포크로 찢는다.

④ 지눌봉 빽시에를 원하는 크기로 뜯어 올린다.

⑤ 천혜향과 렌틸콩, 파테 드 프루츠를 순서대로 올린다.

Recipe #9

⑥ 빈 공간을 메우는 느낌으로 허브들 조화롭게 올린다.

⑦ 디종 머스터드, 민트 젤리, 라즈베리잼을 올린다.

⑧ 화이트 발사믹 비네거를 살짝 뿌리고 올리브오일을 듬뿍 두른다.

⑨ 소금을 살짝 뿌린 뒤 완성한다.

Cheese

치즈를 구매할 때는 채소를 고를 때처럼 신선한 걸로 유통기한이 제일 긴 걸 집어오는 편이다. 나는 아날로그형 인간인지라 인터넷 구매보다는 직접 보고 사는 걸 좋아한다. 각기 다른 생김새와 멋스러운 포장을 구경하는 것조차 설레고 재밌는데 그렇지 않을 이유가 없다. 이렇게 매장에 가서 구매를 하다 보니 국내에 유통되는 거의 모든 치즈를 맛본 것 같다. 연성 치즈와 경성 치즈, 프레시 치즈를 종류별로 구매하고 다음에 가면 또 다른 제품들을 종류별로 사 온다. 그러다 보면 어느새 냉장고는 금방 치즈 냉장고가 되어 있다. 심지어 김치보다 더 많이 먹으니, 서울에 사는 유러피안처럼 즐기고 먹어댄다. 여행을 가도 그 나라의 치즈와 버터는 나의 최고 관심사이다. 지역별로 또 나라별로, 종류별로 얼마나 디테일한지 시간 가는 줄 모르고 넋을 놓고 구경한다. 서울에서도 그 작은 식품관 치즈 코너에서조차 민망할 정도로 오래 구경을 하니 말이다. 보통 아무도 고르지 않는 쿰쿰한 숙성 치즈를 몇 개 고르다 보면 직원분이 나를 치즈 덕후로 보셨는지 서비스 치즈와 행사용 치즈 나이프를 테이프로 꽁꽁 싸매 선물로 주기도 하신다. 바로 그 맛에 또 가게 된다. 어떤 때는 내가 직접 손님들에게 간단한 레시피나 치즈를 설명해주기도 한다. 오지라퍼라기보다는 여러 종류의 치즈를 사서 들고 있으니 다른 손님들도 직원분들도 내가 쩝쩝박사로 보이는지 내게 직접 물어보는 경우가 더러 있다. 내가 수입해 파는 치즈는 아니지만 많은 사람이 알고 구매해 먹는 걸 보는 일마저 정말 즐겁다. 이런 소소한 일상들이 식재료에 대한 영감을 주곤 한다. 특히 치즈는 내가 베이커로서 앞으로 관심을 갖고 더욱 알아가고 싶은 식재료 중 하나다. 다양한 페이스트리를 선보일 수 있도록 도전해보고 싶은 분야다. 이렇게 작게나마 쿡북에 치즈 요리를 담고 치즈 이야기를 할 수 있어 기쁘다. 세상엔 여전히 먹어보지 못한 치즈가 너무 많다. 그런 새로운 치즈를 만나는 것 또한 나의 버킷 리스트다.

치즈 구매 시 참고하면 좋을 계정
@winenfood_official
@fromage.co.kr
@yournakedcheese

Tapenade orecchiette

타프나드 오레키에테

Tapenade orecchiette

RECIPE #2

{ 파스타
@pasta_rummo
@lafabbricadellapastadigragnano
@pasta_granoro
@pastamartelli }

타프나드는 프랑스 프로방스 지역의 대표 요리다. 블랙 올리브, 케이퍼, 안초비나 참치에 올리브오일을 넣고 갈아 만든 페이스트인데 처음에는 병조림으로 접했다. 만들어 먹는 것보다 사서 먹는 게 오히려 값이 저렴하지만 가끔 내가 좋아하는 재료를 넣고 싶을 때 종종 만들어 먹곤 한다. 아주 옛날 이태원에 봄봄이라는 참 좋아하는 레스토랑이 있었다. 특히 그곳에 가면 블랙 올리브 파스타를 즐겨 먹었다. 타프나드처럼 갈아 만든 소스에 버무린 파스타였는데 페이스트 하나만으로도 이렇게 완성도 높은 파스타를 만들 수 있다는 걸 그때 알았다. 타프나드로 파스타를 만들 때는 주로 오레키에테처럼 모양이 있는 면을 사용하는데 움푹 파인 홈에 소스가 잘 묻고 시각적인 재미도 있다. 개인적으로 타프나드는 너무 곱게 갈면 재료들의 맛이 잘 느껴지지 않아 절구에 으깨거나 거칠게 가는 걸 좋아한다. 거의 포마드 형태인 시판용 제품을 쓸 때는 이탈리안 파슬리를 살짝 다져 넣고 섞으면 직접 만든 느낌으로 즐길 수 있다. 크래커나 토스트에 곁들이기도 하고 생채소나 과일을 디핑해 먹어도 맛있다. 이 요리 또한 진심으로 와인을 부르는 맛이다.

Recipe #4

Ingredients

오레키에테 80g • 디종 머스터드 1ts
그라나파다노 치즈 10g
레몬즙 1/2개 분량
올리브오일 약간 • 딜 약간
피스타치오 약간

타프나드
블랙 올리브 2Ts • 칼라마타 올리브 1Ts
마늘 1/2쪽 • 안초비 1개
이탈리안 파슬리 4줄기 • 케이퍼 5g
꽃송이버섯 약간

Recipe #3

Recipe

① 이탈리안 파슬리와 케이퍼는 잘게 다지고 꽃송이버섯은 손으로 뜯는다.

② 절구에 타프나드 재료를 모두 넣고 거칠게 으깬다.

③ 볼에 삶은 오레키에테와 타프나드, 디종 머스터드를 넣고 버무린다.

④ 접시에 담고 올리브오일을 살짝 두른 후 그라나파다노 치즈와 레몬즙을 뿌린다.

⑤ 딜과 피스타치오를 곁들여 완성한다.

092

Nicoise salad

니수아즈 샐러드

Recipe #9

머스터드
@moutardesfallot
@kozliks_korea
@maisonmaille
@reinededijon

통조림 참치를 좋아해 휘뚜루마뚜루 만들어 먹던 데일리 샐러드였는데 언젠가 찾아보니 토마토, 삶은 달걀, 올리브, 마늘 등에 안초비나 참치를 얹어 비네그레트소스를 곁들인 프랑스 니스의 대표 샐러드라는 걸 알게 됐다.

나의 첫 니수아즈 샐러드는 일본에서 그들만의 스타일로 해석한 샐러드였다. 재료 하나하나의 맛이 다 살아 있고 싱싱했는데 그것들을 비네그레트소스가 하나로 연결해주는 느낌이었다. 나중에 니스를 가게 된다면 꼭 먹어보고 싶다. 나는 개인적으로 드레싱에 머스터드 맛이 강하게 나는 걸 좋아한다. 그때그때 재료의 비율을 조절하는데 올리브오일, 레드와인 비니거나 화이트 발사믹 비니거, 소금, 후춧가루, 머스터드로 심플하게 만들어 샐러드에 듬뿍 뿌려 먹는다. 빵 한 쪽을 구워 타르틴으로 만들어도 세련되어 보이고 부드러운 식빵 사이에 넣어 샌드위치로 만들어도 매력적이다. 대신 드레싱은 찍어서 맛보길 추천한다.

샐러드는 지명이나 특징이 묻어나는 이름의 샐러드를 경험하다 보면 더더욱 그 매력에 빠지게 된다. 샐러드는 생각보다 어렵지 않다. 창조라기보다는 기존에 있는 클래식한 메뉴에서 조금씩 더하고 빼가며 본인의 취향에 맞춰 만들다 보면 언젠간 나만의 샐러드를 만나게 된다.

Niçoise salad

Ingredients

렌틸콩 3TS • 그린빈 10개
토마토 2개 • 삶은 홍감자(큰 것) 1개
오이 1/2개 • 미니 오이 1개
셀러리 1+1/2대 • 빨강·노랑 파프리카 1/2개씩
적양파 1/2개 • 감동란 4개 • 피클 1개
차이브 3줄기 • 미니 로메인 3장
이탈리아 병참치 1개 • 칼라마타 블랙 올리브 20개
케이퍼 15g • 안초비 1쪽
호두 오일 약간

비네그레트소스
레드와인 비네거 4TS
호두 오일 5TS • 머스터드 5TS
차이브 3줄기 • 소금 약간 • 후춧가루 약간

(화이트 발사믹 비네거로 대체 가능)

Recipe

① 렌틸콩은 끓는 물에 20분간 삶고 호두 오일로 버무린다.

② 그린빈은 찜통에 살짝만 찐다.

③ 토마토는 작은 반달 모양으로 썰고 홍감자는 껍질째 삶은 뒤 적당한 크기로 썬다.

④ 오이는 껍질을 살짝만 벗기고 씨를 제거한 후 반달 모양으로 썬다. 미니 오이는 반으로 썬다.

⑤ 셀러리는 비스듬히 썰고 파프리카는 씨를 제거하고 링으로 슬라이스한다.

Recipe #5

⑥ 적양파는 슬라이스하고 강낭콩과 피클은 반으로 썬다.

⑦ 차이브는 샐러드용과 소스용 모두 송송 썬다.

⑧ 접시에 모든 재료를 조화롭게 담는다. 부피가 큰 것부터 담으면 쉽다.

⑨ 볼에 비네그레트소스 재료를 넣고 섞은 뒤 ⑧에 고루 뿌린다.

TIP
비네거의 산미가 부담스럽다면 오렌지 주스나 사과주스 등을 비네거와 동량으로 섞어 단맛을 살짝 더해도 좋다.

⑩ 호두 오일을 살짝 둘러 완성한다.

Bread plate

Bread

한 접시 빵

RECIPE #5

Recipe #3

Recipe #2

가니시
양배추꽃
브로콜리니꽃
＋

Bread plate

Ingredients

사워도우 1개 · 올리브오일 적당량
파르미지아노레지아노 치즈 적당량

허브 페스토

처빌, 셀러리 잎, 파슬리(1:1:1) 적당량
샬롯 1/2~1개 · 마늘 1쪽 · 그린 올리브 215g
올리브오일 적당량 · 레몬즙 1/2개 분량
케이퍼 약간(소금으로 대체 가능) · 소금 약간 · 후춧가루 약간

    빵 한 덩어리가 근사한 한 접시의 요리로 다가온다. 사워도우나 캉파뉴, 푸가스, 슬랩, 바게트와 같이 큰 빵 전체를 버터나 올리브오일에 오롯이 구워내는 게 포인트이다. 깊은 볼이나 크고 아름다운 접시에 구운 빵을 담고 좋아하는 허브나 과일, 치즈 등을 툭툭 뜯거나 썰어 무심하게 올린다. 직접 만든 달콤한 소스나 페스토도 좋다. 신경 쓴 듯 안 쓴 듯 꾸안꾸를 제대로 보여줄 수 있다. 여럿이 모이는 날, 큰 볼에 푸짐하게 담은 샐러드와 제철 재료로 만든 수프를 함께 곁들인다면 센스 있는 한상이 뚝딱 완성된다. 거기다 주말에 마르쉐를 다녀왔다면 향이 좋은 허브나 식용 꽃으로 더 아름다운 플레이팅을 시도해보는 것도 추천한다. 치즈를 듬뿍 뿌려 오븐에 한번 구운 뒤 녹여서 플레이팅해도 좋다. 솔직히 베이커로서 가르쳐주고 싶지 않은, 나만 알고 싶은 레시피이기도 하다. 정말 쉽기도 하고 한껏 마음먹고 만들면 그 이상의 빵 요리가 되기 때문이다. 사실 예쁜 건 혼자만 알고 싶기 때문일지도? 여러 종류의 자투리 빵이 있다면 다양하게 구워 담는 것도 좋다. 개인적으로는 캉파뉴나 브리오슈에 허브와 올리브 페스토, 과일 콩포트를 순서대로 올려 먹는 걸 좋아한다. 다양한 맛을 좋아하는 나에겐 그야말로 정말 딱이다.

TIP
그린 올리브를 많이 넣기 때문에
간을 보고 나서 취향에 따라 소금을
더한다. 레몬은 안쪽에 칼집을
넣어 짜면 즙을 내기 쉽다.

RECIPE

① 처빌과 셀러리 잎, 파슬리는 굵게 다진다.

② 절구에 ①과 샬롯, 마늘, 그린 올리브를 순서대로 넣고 빻는다.

③ 나머지 허브 페스토 재료와 레몬즙을 넣고 빻는다.

④ 달군 팬에 올리브오일을 듬뿍 두르고 사워도우를 앞뒤로 노릇하게 굽는다.

⑤ 볼에 빵을 세워 담고 파르미지아노레지아노 치즈를 슬라이서를 이용해 올린다.

⑥ 허브 페스토를 군데군데 뿌리고 가니시로 장식해 완성한다.

104

Mushroom over fried eggs

버섯 달걀프라이

소금, 후추
@halenmon
@coffeelibrekorea

버섯볶음은 튀기듯 볶아 겉은 약간 크러스티하고 안은 촉촉하게 하는 게 관건이다. 겉바속촉은 버섯에도 해당되는 법! 달걀도 프라이로 먹을 때는 부드럽게 익히는 게 맛있지만 하나의 요리적인 측면으로 다가가면 튀긴 듯 프라이한 게 더 맛있게 느껴진다. 버섯을 먼저 볶고 그 기름에 달걀프라이를 하면 버섯의 향까지 두 배로 더할 수 있다. 버섯은 마르쉐에서 종종 꾀꼬리버섯처럼 깊숙한 숲에서 자랄 것 같이 생긴(?) 것들을 데려오곤 하는데 맛도, 비주얼도 더 이국적이고 예쁘다. 집 앞 마트에서 산 버섯이라도 칼을 대지 않고 꼭 손으로 찢어 써보자. 비주얼이 달라진다. 버섯은 버터에 볶거나 발사믹 비니거에 졸이면 풍미가 두 배로 좋아지는데 다진 허브를 듬뿍 넣고 볶아도 훌륭하다. 버섯볶음은 그 자체로도 간단히 달걀프라이에 곁들이거나 빵에 올려 타르틴으로 즐겨도 좋다. 여기에 파스타 면을 넣으면 그대로 버섯 파스타가 되기도 하는, 활용도가 무궁무진한 매력적인 레시피 중 하나다.

Recipe #1

Mushroom over fried eggs

Ingredients

달걀 4개 • 세이지 8장
버섯(표고버섯, 만가닥버섯, 고기버섯, 목이버섯, 꽃송이버섯) 500g
마늘 2쪽 • 버터 약간 • 올리브오일 적당량

드레싱
샬롯 3개 • 이탈리안 파슬리 5줄기
클라비스 허브 비니거 3TS
소금 1꼬집 • 올리브오일 약간 • 후춧가루 약간

Recipe

① 달걀은 서니사이드업으로 프라이한다. 이때 버터와 세이지를 같이 넣고 향을 더한다.

② 버섯은 손으로 찢고 마늘은 곱게 다진다.

③ 달군 팬에 올리브오일을 두르고 ②를 센 불에서 수분이 완전히 날아가도록 볶는다.

④ 샬롯은 링으로 얇게 슬라이스하고 이탈리안 파슬리는 다진다.

⑤ 볼에 ④와 나머지 드레싱 재료를 모두 넣고 고루 섞는다.

⑥ 접시에 ①을 담고 ③을 군데군데 올린다.

⑦ 드레싱을 조금씩 뿌리고 올리브오일을 전체적으로 둘러 완성한다.

108

Italian parsley pasta

이탈리안 파슬리 파스타

RECIPE #3

RECIPE #4

Italian parsley pasta

    어릴 때 시골 할머니 댁에서 살아 다양한 산나물, 들꽃, 들풀들을 호기심에 입에 대보곤 했다. 신맛이 나는 싱아를 비롯해 뱀딸기, 까마중, 버찌 등과 이름 모를 산열매들을 가까이에서 자연스레 맛보며 자라서인지 재료에 대한 거부감이 없는 편이다.

    평소 좋아하는 셰프들의 요리나 재료 조합에서도 영감을 받는데 그중 한 명이 제나로 콘탈도Gennaro Contaldo 셰프이다. 이탈리안 셰프로 국내에는 제이미 올리버의 스승으로도 잘 알려져 있다. 자연스럽지만 세련된 재료의 조합 등 그만의 투박함을 사랑하게 됐다. 숭덩숭덩 과하게 썰어놓은 이탈리안 파슬리가 얼마나 멋져 보이든지 소스부터 가니시까지 다양한 요리에 너무나 잘 어울리는 이 허브에 깊이 빠져버렸다. 이탈리안 파슬리 파스타는 그만큼 참 아끼는 레시피다. 투박하고 간단하지만 사랑에 빠질 수밖에 없는 맛. 촬영 에피소드를 하나 이야기하자면 마르쉐에서 사 온 오렌지색 꽃송이를 보고 영감을 받은 나머지 촬영 중에 천혜향을 썰어 넣는 레시피로 바꿔버렸다. 그래서 늘 이탈리안 파슬리만 왕창 넣었던 나의 이탈리안 파슬리 파스타는 초록색과 함께 천혜향의 오렌지색을 함께 담게 됐다. 물론 특별한 맛도 있다.

    신선하고 새로운 맛을 좋아하는 나에겐 또 다른 맛의 기억을 가져다준다. 즉흥적이고 면이 조금 붇고 못생기면 어떤가… 본인 취향을 믿고 자신 있게 과감하게 충동적으로 만들어보길 바란다. 파이팅!

Recipe #5

Recipe #6

Ingredients

스파게티니 140g
이탈리안 파슬리 75g
마늘 5쪽 • 천혜향 1개
페페론치노 1ts • 잣 15g
페코리노 치즈 55g
올리브오일 적당량
소금 약간 • 후춧가루 약간

Recipe

① 이탈리안 파슬리는 잘게 다지고 마늘은 반은 다지고 반은 그레이터로 간다.

② 천혜향은 껍질을 칼로 깎아내고 깍둑썰기한다.

③ 달군 팬에 올리브오일을 두르고 다진 마늘과 페페론치노를 약불에서 볶아 향을 낸다.

④ 삶은 스파게티니와 면수 2국자를 넣고 윤기가 나도록 졸인다.

⑤ 간 마늘과 잣을 넣고 소금과 후춧가루, 슬라이스한 페코리노 치즈로 간한다.

⑥ 불에서 내려 다진 이탈리안 파슬리를 넣고 버무린다. 가니시용 파슬리를 조금 남겨놓는다.

TIP
파슬리의 진한 향과 식감을 느끼려면 불을 끈 뒤 마지막에 넣고 한꺼번에 섞어주면 풍미가 배가된다.

⑦ 접시에 담고 가니시용 파슬리를 뿌린 뒤 올리브오일을 둘러 완성한다.

Summer fruits ceviche

여름 과일 세비체

여행과 음식은 떼려야 뗄 수 없는 관계다. 사실 여행의 매력은 먹는 게 8할이라고 생각한다. 여행 관련 TV 프로그램을 봐도 먹는 것만 보이는 내가 가끔 웃기기도 하지만… 현지에서 먹어본 적은 없지만 여러 식당에서 맛보고 종종 쿠킹 클래스에 가서 배우기도 했기에 내 스타일대로 세비체 소스를 만들어봤다. 한번은 멍게, 미나리를 듬뿍 넣고 세비체를 만들었는데 재료가 맛이라고 정말 맛났다. 이 극강의 새콤달콤함은 해산물과 궁극의 조화를 느낄 수 있게 해준다. 그리고 여름의 과일들도 빼놓을 수 없다. 파인애플부터 천도복숭아, 단단한 자두, 참외, 멜론, 수박 등 시장에 한여름의 과일들이 넘쳐날 때 꼭 과일 세비체를 만들어보면 좋겠다.

이 레시피에서는 강약을 조금 조절했는데 나는 사실 타바스코 마니아라 소스를 만들 때 엄청 넣는 편이다. 그걸 보면 놀랄지도 모르니 이렇게 팁으로만 전한다. 남은 국물에는 꼭 빵도 찍어 먹어보자. 달고 시고 짠맛이 어우러져 여름엔 이 맛이지 하고 절로 외치게 된다. 캠핑을 간다면 두툼한 스테이크 한 덩이 굽고 샐러드는 꼭 이 레시피로 만들어보길! 고기랑 술이 무한대로 들어간다. 입맛을 돋우고 개운하게 마무리해주는 느낌이다. 여름 과일로만 가능할 것 같지만 또 겨울엔 겨울 과일로도 활용이 가능하다. 겨울에 즐기는 시원한 새콤함이랄까? 냉면도 겨울에 더 매력적인 법이니 사계절 상관없이 추천한다.

Ingredients

노을 멜론 1/2개
파인애플 1/4개
셀러리 1대 • 샬롯 약간

세비체 소스
라임 주스 5TS
다진 마늘 1개 분량
태국 고추 1개 • 다진 샬롯 2개 분량
다진 고수 잎 적당량
레몬즙 1개 분량 • 라임즙 1개 분량
설탕 3TS
올리브오일 4TS • 소금 약간

가니시
고수 잎 약간

Recipe

① 과일은 다양한 모양으로 썬다.

TIP 초당옥수수나 배추 등 아삭아삭한 식감을 지닌 재료를 사용하면 좋다.

② 셀러리는 길게 파채처럼 썰고 샬롯은 링으로 썬다.

TIP 면적을 넓게 썰면 소스가 많이 묻어 더 맛있다.

③ 분량의 재료를 고루 섞어 소스를 만든다.

TIP 매운 걸 좋아할 경우 태국 고추 피클 주스를 살짝 곁들여도 좋다.

④ 볼에 모든 재료를 넣고 버무린 후 고수 잎으로 장식해 완성한다.

Summer fruits ceviche

TIP 고수를 좋아한다면 레시피보다 훨씬 많이 넣는 것을 추천한다. 셀러리 잎이 처치 곤란이라면 함께 넣어도 좋다. 소스 양은 조금 더 추가한다.

Bagna càuda

바냐 카우다

Recipe #5

{ 다양한 이탈리안 식재료 @peasitalika }

Bagna càuda

Ingredients

채소 적당량
홍감자 ● 완두콩 ● 스노우피 ● 초당옥수수 ● 할라피뇨
고트치즈 ● 미니오이 ● 래디시 ● 고기버섯 ● 표고버섯
엔다이브 ● 미니로메인 ● 파프리카 ● 콜리플라워
테트 드 무안 치즈 적당량
올리브오일 적당량

바냐 카우다 소스
마늘 1~3kg
안초비 500~700g
올리브오일 500ml

마요 소스
바냐 카우다 소스 1TS
마요네즈 3TS

　고맙게도 이탈리아에서 유학한 친구들 덕분에 젤라토부터 이탈리아 음식, 여행까지도 더 깊이 있게 경험하곤 했다. 특히 꽤 오래전부터는 매년 11월이 되면 함께 모여 바냐 카우다 데이를 기념하고 있다. 바냐 카우다는 올리브오일, 안초비, 마늘로 만든 소스를 뭉근히 끓여가며 다양한 제철 채소와 빵을 찍어 먹는 이탈리아 피에몬테 지방의 전통 요리다. 다 같이 채소를 손질하고 빵도 준비하고 마늘을 다듬어 소스를 끓인다. 좋아하는 채소를 한아름 식탁에 차려놓고 뭉근하게 소스를 끓여가며 이탈리아 와인도 한 잔씩 마시면서 그렇게 시간을 보낸다. 내가 바냐 카우다 소스를 처음 접한 건 일본의 한 레스토랑과 이자카야에서였다. 그때는 바냐 카우다 소스에 마요네즈를 섞었는데 정말 맛있어서 아직도 생생하게 기억이 난다. 그 후에 아이올리 소스랑 비슷하다는 걸 발견하고 진짜 음식은 각각 나라별로 표현이 같은 듯하면서 또 다르구나를 느꼈다. 처음 바냐 카우다 소스 끓이는 법을 가르쳐준 친구는 자기가 유학 시절 함께 살던 할머니의 레시피라며 마늘을 갈라 안쪽 심을 제거해야 제대로 된 바냐 카우다 소스가 된다는 이야기를 해주기도 했다. 그 많은 마늘을 하나하나 까서 심을 제거하다니 그 할머니는 평생 바냐 카우다 소스 레시피에 진심이셨을 게 분명하다. 바냐 카우다 소스는 한꺼번에 왕창 끓여야 맛나기 때문에 넉넉히 만들어 파스타 면에도 비벼 먹고 빵에도 발라 먹고 샐러드에도 응용한다. 타바스코 마니아인 만큼 가끔은 타바스코 소스를 듬뿍 섞기도 한다. 쩝쩝 박사로서 자신 있게 말하는데 먹어보면 한국인들이 더 좋아할 맛이다.

RECIPE

① 냄비에 심을 제거한 마늘과 안초비를 넣고 올리브오일을 재료가 잠길 만큼 붓는다.

② 약불에서 마늘과 안초비가 자연스럽게 퍼지도록 3시간 정도 뭉근히 끓인다.

③ 홍감자와 완두콩, 스노우피, 초당옥수수는 찜기에 찐다.

④ 할라페뇨는 반으로 가르고 고트치즈로 속을 채운다.

⑤ 미니 오이는 반으로 썰고 씨를 제거한 후 바냐 카우다 소스로 채운다.

⑥ 나머지 채소는 원하는 모양과 크기로 썬다.

⑦ 볼에 마요 소스 재료를 넣고 고루 섞는다.

⑧ 접시에 모든 재료를 조화롭게 담고 바냐 카우다 소스, 마요 소스, 치즈, 올리브오일을 곁들여 완성한다.

Caponata tartine

Bread

카포나타 타르틴

아무래도 요리사가 아니다 보니 그냥 어디서 보거나 혹은 맛을 보고 만드는 메뉴도 많다. 요즘은 요탐 오토렝기Yotam Ottolenghi 셰프에게 빠져 있다. 런던에서 활동하는 이스라엘 출신의 셰프인데 책이나 SNS를 보며 많은 영감을 받고 있다. 매력적인 채소 요리에 셰프만의 킥이 곳곳에 숨어 있다. 내가 좋아하는 카포나타도 이분의 영향으로 다양하고 새롭게 또 점점 맛있게 변해간다. 클래식이 중요한 것은 당연하지만 사람들의 변하는 미식 취향도 중요하다. 카포나타는 시칠리아 대표 요리로 내가 좋아하는 가지가 듬뿍! 그야말로 채소들의 천국이다. 그래서 만들 때마다 늘 레시피가 변한다. 어떨 땐 토마토를 넣기도 빼기도, 국물이 있게도 없게도 만든다. 어떻게 만들어도 다 맛있다. 채소를 손질할 때도 길게 또는 큼직하게 썰기도 하는 등 매번 다르다. 빵 위에 올리기도 하고 파스타 면을 넣어 볶기도, 쌀과 함께 리소토로 만들기도 한다. 다이어트 중일 때는 달걀프라이를 올려 먹어도 좋다. 그동안 수없이 만들면서 늘 맛있다고 생각하는 레시피다. 그때그때 재료들은 좋아하는 것으로 구성하는데 요즘은 그릭 요거트에 올려 먹는 것에 꽂혔다. 특유의 산미와 무척 잘 어울린다. 타히니도 조금, 허브와 레몬도 뿌려준다. 이번 마르쉐에 예쁜 노랑 주키니가 나와서 가지와 함께 볶듯이 튀겼다. 식감과 컬러가 더 예뻐졌다. 늘 이야기하지만 레시피는 항상 시장에 있다.

Caponata tartine

Recipe #1

Ingredients

가지 2개
노랑 주키니 1/2개
할라피뇨 1개
양파 2개
마늘 7쪽
그린 올리브 10개
바질 잎 12장
홀 토마토(캔) 3덩어리

이탈리아 멸치액젓(콜라투라) 3ts
캄파뉴 2쪽
모차렐라 치즈(옵션) 약간
올리브오일 적당량
소금 약간
후춧가루 약간

`RECIPE`

① 가지와 노랑 주키니는 한입 크기로 자유롭게 썬다.
② 홍양파와 양파, 마늘은 작게 썬다.
③ 그린 올리브는 반으로 썰고 바질 잎은 채 썬다.
④ 달군 팬에 올리브오일을 두르고 ①과 ②를 넣어 센 불에서 볶고 소금으로 살짝 간한다.

TIP
올리브오일을 넉넉히 둘러 튀기듯 볶아 수분을 날린다.

RECIPE #4

RECIPE #7

⑤ 홀 토마토를 넣고 으깨가며 섞은 뒤 그린 올리브를 넣어 볶다 멸치액젓과 소금으로 간한다.

TIP
홀 토마토는 수분이 들어가지 않도록 과육만 건져 사용한다. 캔즙 쏟아 넣지 않는다.

RECIPE #8

⑥ 채 썬 바질 잎을 넣어 고루 섞는다.
⑦ 달군 팬에 올리브오일을 두르고 캉파뉴를 노릇하게 굽는다.
⑧ 캉파뉴에 카포나타와 작게 썬 모차렐라 치즈를 올리고 바질 잎으로 장식한다.
⑨ 후춧가루와 올리브오일을 뿌려 완성한다.

Chocolate oatmeal bowl

초콜릿 오트밀 볼

쿡북에 내가 좋아하는 것들만 다 넣었기 때문에 또 오트밀도 좋아한다고 말하면 입 아프고 식상하지는 않을지 걱정이다. 사실 오트밀은 아주 진한 크림 파스타가 먹고 싶을 때 그걸 참아야만 하는 상황에서 자주 만들어 먹는 요리다. 먹다 보면 뭔가 고소하면서 진한 밀키함이 크림 파스타의 녹진함과 비슷해 나름대로 매력이 있다. 어떤 글에서 봤는데 오트밀이 가난의 음식이라고… 음식의 역사를 알면 항상 한 나라의 역사도 함께 이해하게 되는 것처럼 특히나 먹거리 스토리는 한번 들으면 쉽게 잊히지 않는다. 오트밀의 매력은 어떤 걸 섞느냐에 따라 토핑도 달라지고 플레이팅도 화려하게 또는 투박하게 변신 가능하다는 점이다. 그래서인지 내겐 절대 가난의 음식일 수가 없다는 사실. 가장 선호하는 레시피는 우유와 섞은 오트밀에 초콜릿과 베리류, 견과류를 넣은 아주 달콤한 스타일이다. 가끔 꿀을 넣거나 버터, 치즈를 넣기도 하는데 블루치즈를 넣으면 꼭 리소토 같다. 나에게 먹는 방식은 장르도 출구도 없는 상상의 나래다. 이 책을 보고 독자들도 그간 먹어왔던 스타일은 과감히 접어두었으면 좋겠다. 오드밀을 끓여 초콜릿이랑 한입 먹어보면 내 말을 단번에 이해하게 될 거다. 초콜릿은 최대한 가공하지 않은, 가능하면 빈투바 초콜릿을 추천한다. 블루베리나 산딸기도 몇 알 올리고 좋아하는 견과류나 피넛버터를 곁들여도 좋다. 살짝 섞어 한입 먹어보면 든든한 한 끼가 되기도, 멋진 디저트가 되기도 한다. 따뜻해도 맛있고 또 차가워도 맛이 좋다. 다양한 오트밀 볼을 만들다 보면 금세 그 매력에 빠지게 되리라 장담한다. 직구로 산 아끼는 영국 빈투바 펌프 스트리트의 크리스마스 산타 초콜릿(원래는 뜨거운 우유를 부어 먹는 핫초코용 초콜릿)을 따뜻하게 끓인 오트밀에 녹여 위트 있는 오트밀 한 그릇을 만들었다. 난 음식이 재미있는 게 좋아 라즈베리로 내리는 눈을 표현해봤다.

Chocolate oatmeal bowl

Ingredients

압착 오트밀 50g
산양유(아몬드 밀크, 오트 밀크, 두유로 대체 가능) 200ml
펌프 스트리트 빈투바 초콜릿(발로나 초콜릿 칩으로 대체 가능) 50g

토핑
펌프 스트리트 산타클로스 초콜릿 1개
라즈베리 3개

Recipe #2

Recipe

① 냄비에 오트밀과 산양유를 넣고 중불에서 저어가며 점도가 생길 때까지 끓인다.

② 초콜릿은 중탕으로 녹이거나 전자레인지로 짧게 끊어가며 녹인다. 타지 않도록 주의한다.

③ 그릇에 ①을 담고 한쪽에 초콜릿을 부은 후 토핑으로 조화롭게 장식해 완성한다.

Recipe #1

Recipe #3

Beetroot soup

비트루트 수프

비트를 보면 제일 먼저 떠오르는 음식이 있다. 색이 곱디고운 비트 수프. 홍대에서 크루아상 매장을 운영하던 시절, 무척 추운 겨울날이면 얼어붙은 몸과 허기진 배를 채우러 가던 단골 스페인 타파스 집(Shim's Tapas)이 있었다. 무심코 시킨 따뜻한 수프 한 그릇이 얼마나 예쁘고 맛있던지 아직도 기억에 생생하다. 아마 유독 고운 빛깔 때문이지 않았을까… 사장님이 참 세련된 사람인가 보다, 음식을 떠나 정말 힐링이다 등 그때 했던 생각이 떠오른다. 그 후로 겨울만 되면 추운 날 언제든 끓여 먹을 요량으로 항상 비트를 사뒀다. 같이 일하던 동생들과도, 단골손님들과도 만들어 나눠 먹었던 나의 겨울 수프. 나중에 관심을 갖고 찾아보니 러시아, 유럽 지역의 전통 음식이라는 걸 알았지만 나만의 방식과 재료로 또 다르게 변화되어 있었다. 누구나 이런 음식이 있지 않을까? 난 각자의 이야기와 서로 다른 레시피를 사랑한다. 차갑게 또는 뜨겁게, 빵에 찍어서, 가끔은 파스타를 삶아서 말아도 먹는다. 나에게 원칙은 없다. 원칙이 없는 게 원칙. 추억과 그리움이 묻이 있는 레시피를 사랑한다.

Beetroot soup

Ingredients

5인 기준
감자 1개 • 비트 1개
페이장브레통 생크림 400ml
퀘스크렘 마스카포네 치즈 2TS
물 360ml • 소금 약간

가니시
데친 스노우피 1개 • 생크림 약간
마스카포네 치즈 약간 • 구운 비트 슬라이스 약간

RECIPE

① 감자와 비트는 껍질을 제거하고 적당한 크기로 썬다.

② 180°C로 예열한 오븐에서 30분간 굽는다.

③ 블렌더에 ②와 생크림, 마스카포네 치즈를 넣어 간다. 생크림과 마스카포네 치즈 대신 우유와 프로마주 블랑을 사용해도 좋다.

④ 물로 농도를 조절해가며 간 후 냄비에 붓고 약불에서 기포가 살짝 올라올 때까지 저어가며 끓인 다음 소금으로 간한다.

TIP
고소한 맛이 좋다면 생크림으로 농도를 조절해도 되지만 컬러가 연해질 수 있다.

⑤ 볼에 수프를 담고 생크림과 마스카포네 치즈를 섞어 살짝 뿌린 뒤 남은 가니시를 올려 완성한다.

Comté cheese omelette

콩테 치즈 오믈렛

오믈렛은 아마 누구나 좋아하고 잘 만들 수 있는 메뉴가 아닐까? 달걀찜, 달걀말이 민족으로서 자기만의 레시피나 비법도 모두에게 존재한다. 호텔 조식의 일등 메뉴인 만큼 여행을 갈 때면 다양한 나라의 셰프들이 만들어 주는 오믈렛을 보며 영감을 받곤 한다.

치즈와 채소, 제철 토마토를 넣고 볶아주기도 하고 비싼 캐비아나 트러플 슬라이스를 올려주기도 한다. 달걀 하나로 다양한 레시피들을 쏟아낸다. 개인적으로는 여러 가지 버섯을 볶아 넣은 버섯 오믈렛을 좋아한다. 버터에 볶은 버섯들의 식감과 다채로운 풍미는 정말 매력적이다. 여기에 팁으로 트러플 향이 나는 소스류를 조금만 더하면 모든 버섯에 트러플 향이 입혀진다. 제철 식재료는 나에게 국한되지 않는 영감을 준다. 딱히 뭘 해 먹으려 한다기보다 그저 순리대로 계절에 나오는 녀석들로 나만의 오믈렛을 채운다. 감자가 나올 땐 감자를, 버터넛스쿼시가 나올 땐 버터넛스쿼시를 툭툭 채 썰어 볶아 넣기도 하지만 그냥 심플하게 버터와 생크림만 넣고 허브를 뿌려 얹어도 좋다. 초여름에는 초당옥수수를 넣었더니 달큰하니 맛났다. 나의 오믈렛은 그렇게 계절을 닮아간다. 제철 재료가 없다면 사계절 늘 있는 치즈를 사용해도 좋다. 쭉쭉 늘어나는 모차렐라도 좋고 쿰쿰한 에푸아스 치즈를 썰어 넣으면 그 길로 바로 와인을 따게 될지도 모른다. 냉장고에 굴러다니는 어떠한 슬라이스 치즈라도 좋다. 만드는 것만으로도 오믈렛과 사랑에 빠질 테니…

콩테 치즈는 한 덩어리를 사서 제일 심플하게 만든 오믈렛에 슬라이스해 얹어보자. 얇게 슬라이스한 치즈가 달걀을 부드럽게 감싸는 맛을 만끽해보길 바란다. 상큼한 채소 한 접시와 함께라면 더할 나위 없이 좋다.

Comté cheese omelette

Ingredients

달걀 3개 • 생크림 3TS • 소금 1꼬집
버터 10g • 슬라이스한 콩테 치즈 4장
후춧가루 약간

Recipe

① 볼에 달걀과 생크림, 소금을 넣고 거품이 나지 않을 만큼만 섞는다.

② 달군 팬에 버터를 두르고 ①을 부어 오믈렛을 만든다.

③ 접시에 담고 콩테 치즈를 올린 후 후춧가루를 뿌려 완성한다.

139

Recipe #3

140

Crepe bouquet

(Bread)

크레페 부케

사실 이 메뉴는 코스트코에서 사 와서 먹고 남은 치킨을 처리하기 위한 치킨 랩에서 시작됐다. 치킨 랩의 예쁜 버전이라고나 할까? 토르티야가 러프함과 거친 매력이 있다면 크레페는 섬세하고 레이스 같은 청순미가 있다. 다양한 식재료를 더 프레시하고 아름답게 만드는 방법! 쌓고 접고 말아서 한 접시를 더 재미있고 근사하게 만들 수 있다. 크레페에 치즈나 잼을 고루 펴 바르고 이탈리안 파슬리, 다양한 잎채소를 길게 늘어뜨려 올리자. 다양한 제철 베리를 뿌려도 보고 넓적한 프로슈토나 하몽으로 덮어 부케처럼 말아주면 살이 하나도 안 찔 것 같은 한 입 샐러드로 변신한다. 월남쌈처럼 얇게, 부리토처럼 통통하게 취향에 따라 만드는 재미도 있다. 따로 소스를 만들어 찍어 먹어도 좋고 달걀이나 치즈, 햄 등을 곁들여 더욱 식사처럼, 채소나 과일을 듬뿍 넣어 샐러드처럼 즐길 수도 있으니 자기만의 상상력을 발휘해보길!

Recipe #4

Crepe bouquet

Ingredients

페이장브레통 오리지널 크레페 3장
프로슈토 1/2장 • 꽃상추(적색) 1/2장
미니 로메인 1장 • 라디치오 1/2장
엔다이브 1장 • 이탈리안 파슬리 1줄기
블루 크림치즈 적당량 • 라즈베리 적당량
올리브오일 약간 • 후춧가루 약간

Recipe

① 달군 팬에 올리브오일을 두르고 프로슈토를 바삭하게 튀긴다.

② 크레페는 반으로 접고 그 위에 크림치즈를 전체적으로 펴 바른다.

TIP
오렌지잼처럼 산미가 있는 잼을 곁들여도 좋다.

③ 올리브오일을 살짝 뿌리고 잎채소와 허브, 튀긴 프로슈토를 조화롭게 올린다.

④ 후춧가루를 뿌린 후 크레페가 모든 재료를 감싸도록 접어 접시에 담아 완성한다. 라즈베리는 기호에 맞게 적당량 올린다.

Recipe #2

Plaiting

대학에서 도자기를 전공했다. 베이커가 되기 전에는 나름 긴 작업 생활을 해왔기에 '담음'이란 것에 늘 익숙하면서 항상 열망해왔다. 이젠 그릇도 음식과 함께하는 하나의 표현이란 걸 모두가 아는 시대에 살고 있다. 용도에 맞게 써야 한다는 원칙을 깬다면 그릇 이상의 아름다움을 더욱 느낄 수 있을 것이다. 나는 의외성에서 더 깊은 아름다움을 느끼는 편이라 편견 없이 질감이 거친 그릇부터 음식을 잡아먹을 듯한 쨍한 컬러의 그릇, 설거지하기 무거운 그릇까지 아름답다면 한 치의 고민도 없이 사용한다. 사발에 와인을 따라 마시거나 넓은 접시에 아이스크림을 과일과 함께 담아 먹기도 하고 유리컵을 샐러드 볼로 쓰기도 한다. 처음부터 그릇의 용도는 없다. 아무래도 생각의 시작 자체가 아름다움이 먼저라 고정 관념이 없는 편이긴 하다. 담음새와 그릇도 자유로운 표현에서 시작한다면 누구든지 취향껏 특별한 플레이팅을 할 수 있지 않을까? 어린 시절 내가 받은 가정 교육이 그랬는지 다 지은 밥을 가족 수대로 퍼 담기만 하면 되는 일에도 어찌나 주문이 많던지… 많지도 적지도 않게 누르지도 말고 살살 떠서 포슬포슬 또 고슬고슬하게 퍼 담아야 한다고 말이다. 밥그릇 위로 살짝 올라오면서 봉긋한 산이 되게 밥을 담으라 한다. '그릇에 묻으면 안 돼. 주걱으로 쓸지 마'. 두 번째 밥상머리 교육은 바로 과일 깎기였다. 거의 신의 경지에 이른 것처럼 과일을 깎아냈다. 이런 스파르타식 교육과 나의 아름다움을 향한 열망으로 거창하지만 나만의 플레이팅, '담음새'를 표현하고 있는 건 아닐지.

Cheese onigiri and ochazuke

치즈 오니기리와 오차즈케

　쌀은 조금씩 사서 최대한 짧게 냉장 보관해두고 먹는 편이다. 조선 향미부터 이천쌀, 여주쌀, 경기미, 고시히카리 등 다양한 품종을 구매하는데 요즘은 철원 오대미에 꽂혀 있다. 솥밥을 해 먹기도 하고 들기름이나 올리브오일을 둘러 밥을 짓기도 한다. 이렇게 오일을 더하면 2~3일 보관해도 밥맛이 조금 더 유지되는 느낌이 든다. 일본에서는 솥밥을 지어 오니기리를 하나 만들고 마무리로는 꼭 오차즈케를 내어준다. 오니기리는 틀을 사용해 만들면 모양이 예쁘긴 하지만 손으로 뭉치는 것도 나름 자연미가 있다. 후리카케를 사용할 때는 밥에 넣어 섞는 것보다 오니기리를 만든 후 후리카케에 굴려 묻히는 게 비주얼적으로도 예쁘고 식감도 더 좋다. 밥에 치즈를 곁들이는 걸 낯설어할지도 모르겠다. 하지만 치즈의 감칠맛과 밥의 고소하고 달큰한 맛이 만나 훌륭한 조화를 이룬다.

　일본 도쿄에 가면 아코메야ぁこめや라는 상점이 있다. 쌀과 관련된 다양한 상품을 판매하는데 특히 채소부터 해산물, 육류까지 다양한 다시를 만날 수 있어 꼭 들르곤 한다. 오차즈케를 만들 때는 오차즈케 팩을 사용해도 좋지만 개인적으로는 잎차를 우려 쓰는 걸 좋아한다. 녹차나 홍차도 좋고 색다른 맛이나 향을 더할 수 있는 TWG나 마리아주 프레르, 포트넘 앤 메이슨의 가향 블렌딩 티들도 즐겨 쓴다. 특히 치즈와 허브를 넣은 오니기리로 오차즈케를 만들 때는 홍차를 추천한다. 찬물에 티백을 넣고 냉장고에서 하루 동안 냉침해 사용하면 좋은데 한여름 즐기는 나만의 오차즈케용 육수의 비밀이다. 다양한 베리 향이 느껴지는 홍차 맛이 치즈 오니기리의 맛을 배가시킨다. 가향 블렌딩 티들도 오차즈케용 육수로 써보는 경험도 해보길 바란다. 새로운 맛을 알아가는 재미를 느끼게 될 것이다. 맛과 향이 부드러운 브리 치즈와 파르미지아노레지아노 치즈를 넣어 섞었는데 치즈에 호불호가 없는 사람이라면 블루치즈 계열이나 개성이 강하고 쿰쿰한 연성 치즈를 더하면 더욱 색다른 치즈 오니기리를 즐길 수 있다. 여기에 바질과 딜을 넣으면 상큼한 향의 특별한 오니기리가 탄생한다.

Cheese onigiri and ochazuke

ingredients →

5개 분량
보리 치즈 80g · 시소 15장
우메보시 4개 · 흰쌀밥 3공기
파르미지아노레지아노 치즈 적당량
올리브오일 약간 · 홍차 적당량

Recipe

① 보리 치즈는 반으로 썰어 채 썬다.

→ TIP
보리 치즈는 큰 휠을 소분한 것이
더 맛있다. 둥그란 모양보다 세모
모양을 구입하는 것을 추천한다.

② 시소는 다지고 우메보시는 씨를 제거한 후 손으로 찢는다.

TIP
우메보시는 종류에 따라 염도나 당도가 다르기에 맛을 보고 양을 가감한다.

③ 볼에 ①과 ②, 흰쌀밥, 올리브오일을 넣고 고루 섞는다.

④ 오니기리 틀에 채워 모양을 낸 후 간 파르미지아노레지아노 치즈에 살짝 굴려 완성한다.

⑤ 오차즈케로 즐길 때는 토치로 걸을 살짝 굽고 볼에 담아 홍차를 부어 완성한다.

154

Grilled sage brioche

 Bread

그릴드 세이지 브리오슈

Recipe #7

Grilled sage brioche

Ingredients → 브리오슈 1/2개 • 세이지 7장
보리수 20알 • 가염 버터 30~40g
무염 버터 약간 • 라벤더 꿀 약간

    무염 버터보다는 가염 버터를 좋아한다. 특히 소금 알갱이가 알알이 박힌 '게랑드 크리스탈 버터'를 좋아한다. 국내에선 구하기 힘든 버터라 없을 때는 가염 버터 위에 소금을 살짝 뿌려 먹곤 한다. 소금과 버터의 조합은 설탕과 버터만큼 매력적이다. 버터를 넣고 만든 빵을 녹인 버터에 굽고, 구운 빵 위에 또 버터를 슬라이스해 올린다. 박수!!! 짝짝짝! 구울 때는 세이지의 향을 더하곤 한다. 마르쉐에서 만난 제철 보리수는 잼이나 콩포트 등으로 조리하는 공정 없이, 있는 그대로 자연의 산미를 느끼게 해줄 것이다. 이런 메뉴는 어디에도 없기에 한 번쯤은 경험해보길 바란다. 음식이란 건 삶에 소소한 행복과 영감을 준다.

    나의 요리는 재료에서 비롯된다. 재료를 보면 즉흥적으로 레시피가 마구 떠오른다. 그래서 내 레시피는 계절의 변화를 눈으로 직접 느낄 수 있는 시장에서 나오곤 한다. 마치 화수분처럼 마르거나 고갈되지는 않을듯하다. 난 여전히 식재료에 호기심이 많다. 그리고 손으로 만드는 모든 걸 사랑한다. 마르쉐에서 세이지와 보리수를 만난 덕분에 이 메뉴를 소개할 수 있어 기쁘다. 하나하나 만들며 촬영하는 그 순간이 기억난다. 즐거웠다. 난 만드는 순간도 중요하다고 생각한다. 아마 그건 오랫동안 흙을 만지며 도자기를 굽는 일을 해오던 습관 때문이 아닐까? 크루아상을 반죽할 때도, 구울 때도 마찬가지다. 그 순간의 공정 하나하나가 쌓여 만든 이의 기운과 정성을 담게 된다. 이것만은 변하지 않는다. 그리고 모두 다 알고 느낄 거라 믿는다.

Recipe #3

Recipe #6

Recipe

① 브리오슈는 가장자리를 잘라내고 3cm 두께 직사각형으로 두툼하게 썬다.

② 세이지는 빵 조각 수만큼 준비한다.

③ 보리수는 씨를 제거한다.

TIP
브리오슈가 없다면 버터가 듬뿍 들어간 리치 식빵으로 대체해도 좋다. 직접 두껍게 썰어서 사용해보자.

TIP
보리수 대신 산미가 있는 라즈베리잼이나 카시스잼, 살구잼, 복숭아잼으로 대체해도 좋다.

TIP
버터는 넉넉히 준비해 빵의 4면을 모두 고루 구울 수 있도록 한다. 세이지 잎은 바삭하게 튀겨 키친타월에 올려 식힌다.

④ 달군 팬에 가염 버터를 두르고 세이지를 넣어 약불에서 향을 낸다.

⑤ 브리오슈를 올려 모든 면에 고루 버터를 입힌 뒤 타지 않게 노릇하게 굽는다.

⑥ 접시에 담고 얇게 슬라이스한 무염 버터를 올린다.

⑦ 세이지와 보리수로 장식한 후 꿀을 뿌려 완성한다.

160

Bread ball

브레드 볼

　　베이커라면 빵 한 쪽도 허투루 먹지 않는 법. 주로 내가 '빵반찬'이라고 이름을 부르는 샐러드나 치즈무침, 피클무침을 곁들여 먹는다. 그러면 빵도, 그 반찬들도 맛이 극대화되어 더욱 맛나게 먹을 수 있다. 크림 제형의 치즈를 동그란 볼 형태로 한 개씩 크기별로 만들면 예쁘기도 하고 빵에 올려 먹기도 편하다. 잘게 부순 견과류나 초콜릿, 사탕, 마르쉐에서 만나는 그 계절의 식용 꽃들, 향기롭고 컬러감이 멋진 허브들도 잘게 썰어 치즈에 옷을 입혀보자. 가끔은 남은 빵 자투리를 말려 가루로 만들어 그 위에 굴리기도 한다. 정말 고소하고 맛있다. 모양은 정해진 게 없다. 손으로 만든 느낌이 나게 거칠게 모양을 내거나 똑떨어지게 빚어도 좋다. 나는 이렇게 위트가 있는 생김새의 음식을 좋아한다. 꾸안꾸가 내 취향이다. 볼 안에 좋아하는 잼이나 따로 넣고 싶은 게 있다면 넣어도 좋다. 그렇게 만들 때는 누군가에게 벌칙같이 와사비도 넣어보자. 내가 당첨됐으면 좋겠다. 난 와사비를 좋아하니까! 이름부터 정겹고 예쁜 '빵반찬, PPang-Banchan'. 다음 크루아상 매장에서는 크루아상과 어울리는 빵반찬을 판매하고 싶다. 기대해주길…♥

Ingredients

*분량은 필요한 만큼 적당히

퀘스크렘 크림치즈

토핑
피스타치오 ○ 피칸 ○ 아몬드&헤이즐넛
발로나 과나하 70% 다크 초콜릿
칼라마타 올리브 ○ 초콜릿 ○ 살라미
이탈리안 파슬리

Recipe #2

Bread ball

Recipe →

① 볶은 견과류와 초콜릿, 올리브, 살라미, 이탈리안 파슬리는 각각 잘게 다진다.

② 크림치즈는 스푼으로 떠 모양을 잡고 각각의 토핑에 굴려 접시에 담은 뒤 취향에 따라 빵을 곁들여 완성한다.

TIP
크림치즈 대신 제형이 비슷한 마스카포네 치즈나 고트 치즈 등을 사용해도 좋다.

Fennel orange salad

펜넬 오렌지 샐러드

　너무 뻔하지만 만들어 먹자마자 최애 샐러드가 될지도 모른다. 펜넬과 오렌지의 궁합은 정말 많은 레시피로 증명되어왔다. 나도 요리책에서 영감을 받았으니… 고기나 해산물을 구워 곁들여도 한결같이 잘 어울리고 맛있다. 특별한 드레싱도 필요 없다. 소금과 올리브오일, 약간의 화이트 발사믹 비니거, 마지막으로 오렌지에서 나오는 자연스러운 과즙이면 충분하다.

　나는 어릴 때부터 도구를 참 잘 쓰곤 했다. 과일도 많이 깎아봐서 잘 깎는데 이런 점이 오렌지 샐러드를 만들 때 장점으로 발현된다. 샐러드를 아름답게 표현하는 데에는 가장 먼저 재료 손질과 칼 쓰기에 있다. 손으로 툭툭 뜯어도 되지만 또 다른 식감을 내야 할 때도 많기 때문이다. 오렌지는 특히 어떻게 자르는지에 따라 그 맛이 전부 달라 재미있는 과일이다. 그래서 그때그때 함께 곁들이는 재료에 따라 다르게 깎는 걸 좋아한다. 예전에 일본에서 진행하는 어떤 클래스에 과일 커팅 수업이 있었는데 못 들은 게 너무 아쉽다. 지금도 눈을 크게 뜨고 찾아보는 중이다. 과일 커팅 수업이라니 생각만 해도 정말 재미있을 것 같다.

　펜넬은 구워 먹을 때는 칼로 썰어도 좋지만 샐러드용으로는 꽃봉오리 모양을 살려 통째로 슬라이스하는 게 좋다. 물에 담가두면 모양이 잘 살아서 얼음물에 담가 손질하기도 한다는데 나는 그냥 사용하는 편이다. 펜넬 잎은 딜처럼 쓸 수 있어서 같이 쓰면 더 좋다. 펜넬은 어떻게 먹는지 모르는 사람들이 많은데 이렇게 샐러드처럼 살짝 무치면 식감이 살아 있어 프레시한 느낌이 난다. 여기에 관자나 새우, 통오징어, 한치 등 해산물을 함께 곁들여도 맛있다. 식재료는 진심 알아가는 재미도, 구현하고 표현하는 재미도 대단하다!

Ingredients ⟿ 오렌지 2개 • 펜넬(작은 것) 1개 • 완두콩 1개 • 고트 치즈 30g
펜넬 잎 1줄기 • 화이트 발사믹 비네거 3TS
올리브오일 적당량 • 소금 약간 • 후춧가루 약간

Recipe #6

Fennel orange salad

① 오렌지는 껍질을 제거하고 원하는 크기와 모양으로 썬다.
② 펜넬은 얇게 슬라이스한다.
③ 완두콩은 찜기에서 5~10분 정도 찐다.
④ 접시에 ①, ②, ③을 조화롭게 담고 고트 치즈를 손으로 뜯어 올린다.

↘ TIP
완두콩 몇 개는 껍질을 살려 사용한다.

⑤ 펜넬 잎으로 장식하고 화이트 발사믹 비네거를 고루 뿌린다.
⑥ 올리브오일을 듬뿍 뿌리고 소금, 후춧가루로 간해 완성한다.

Txistorra tomato conchiglie rigate

시스토라 토마토 콘킬리에 리가테

Txistorra
tomato conchiglie rigate

Recipe #1

샤퀴테리
@maison_jo_
@xescmenzl
@thursday_stuffing
@salthousekorea

Ingredients

콘킬리에 리가테 100g · 메중조 시스토라 3개
샬롯 1개 · 케이퍼 10개
마늘 1+1/2쪽 · 홀 토마토 1/2캔
세이지 1+1/2장 · 레몬 제스트 약간
올리브오일 적당량
소금 약간 · 후춧가루 약간

Recipe

① 시스토라는 껍질을 제거하고 손으로 뜯는다.

② 샬롯과 케이퍼는 다지고 마늘은 슬라이스한다.

③ 팬에 올리브오일을 두르고 시스토라의 겉이 바삭해질 때까지 굽는다.

TIP
이 상태에서 면을 넣고 볶아 오일 파스타로 먹어도 좋다.

샤퀴테리와 수제 소시지를 이리도 쉽게 구입할 수 있다니… 점점 홈쿡의 퀄리티가 쭉쭉 올라간다. 덕분에 시스토라 파스타도 만들어 먹는 행운을 안게 되니 정말 너무 감사한 일이다. 셰프님들, 생산자분들 덕분에 나의 취향과 감각도 앞으로 더 좋아질 것만 같다. 사실 음식을 만들다 보면 식재료의 맛이 전부라는 걸 새삼 느끼게 된다. 나는 그저 거드는 사람일 뿐이다. 그리고 내가 할 수 있는 건 표현하는 것. 특히 아름답게 표현하는 사람이 되고 싶다. 베이커로서도 같은 마음이다. 다양한 식재료를 가장 아름답게 표현하는 베이커가 되는 게 꿈이다.

시스토라는 크림 베이스나 오일 베이스 파스타에 두루두루 잘 어울린다. 이 레시피에서는 토마토소스를 곁들였지만 자기만의 방법으로 다양한 스타일의 파스타에 도전해보길 바란다. 파스타 면은 콘킬리에 리가테를 사용했는데 조개 모양으로 움푹하게 파인 홈에 소스를 머금을 수 있는 쇼트 파스타이다. 특별히 소스가 너무 맛있게 완성됐다면 캄파뉴나 사워도우를 올리브오일에 바싹 구워 타르틴으로도 만들어보자. 그럼 또 다른 샌드위치 하나가 뚝딱 완성된다. 올리브오일을 뿌리고 허브를 듬뿍 올려도 좋다. 상상만으로도 정말 맛있다. 내 쿡북을 본 이상 이제는 정말 자유로움과 만드는 즐거움에 빠지라고 말하고 싶다. 그게 바로 시작점이기에 본인의 취향과 노력 없이는 맛난 한 접시를 만들 수 없다는 것을 잊지 말자. 레시피는 레시피일 뿐 상상의 나래를 펼쳐 즐겨주기를…

시스토라는 통째로 구워서 소스를 만들어도 좋은데 그땐 링귀네나 탈리아텔레를 넣고 버무린 뒤 시스토라를 썰어서 곁들이면 먹어도 색다르게 즐길 수 있다. 같은 재료를 다양하게 활용하는 나만의 파스타 만들기 방식이기도 하다. 또 소스에 파스타 대신 삶은 감자와 치즈를 듬뿍 올려 토마토 그라탱으로도 활용이 가능한 레시피이다.

TIP
다른 재료들이 으깨지지 않도록 주의한다.

④ 홀 토마토를 넣고 뭉근하게 끓인다.
⑤ 소금과 후춧가루로 간하고 삶은 콘킬리에 리가테를 넣어 한번 더 볶는다.
⑥ 접시에 담고 세이지와 레몬 제스트를 뿌려 완성한다.

TIP
먹기 전에 레몬즙을 살짝 둘러도 좋고 타이바질처럼 이국적인 허브류를 곁들여도 좋다.

Recipe #4

Sweet corn soup

제주 초당옥수수 수프

17기

sweet corn soup

초당옥수수
@papafarmjeju
@bongbong_farms
@jejumealpain

Ingredients

초당옥수수 3+1/4개
우유 200ml
사워크림(그릭 요거트로 대체 가능) 1TS
올리브오일 적당량

초여름 제주에서 오는 초당옥수수가 도착하는 날을 해마다 손꼽아 기다린다. 나는 한여름 찰옥수수 시즌이 오기 전 항상 초당옥수수로 프리 찰옥수수 시즌을 보내는 옥수수 귀신!

초당옥수수는 10분 내로 살짝 쪄 그냥 먹기도 하고 알알이 도려낸 다음 잘게 썬 양파, 파프리카, 각종 허브 등과 함께 새콤한 드레싱에 버무려 콥샐러드로 만들기도 한다. 단언컨대 입맛을 돋우는데 딱인 샐러드이다. 프라이드치킨을 시킬 때 꼭 한번 만들어보자. 최고의 궁합이다. 그리고 늘 만드는 초당옥수수 수프는 너무 간단해 쿡북에 담기 민망하지만 주변에서 제일 많이 궁금해하는 메뉴이기도 하다. 각자의 수프 레시피들이 있을 테지만 나는 우유만 넣고 블렌더에 휘리릭 갈아준다. 이 정도면 거의 옥수수 스무디나 음료 레시피다. 팁이 있다면 토핑을 올려 다양한 맛을 내보는 것. 치즈를 갈아 올리고 초리조를 튀겨 뿌리기도 하고, 산미가 있는 그릭 요거트나 사워크림을 듬뿍 얹기도 한다. 심플하게 꿀이나 소금, 올리브오일을 뿌려도 잘 어울린다. 스파이시한 향신료 가루나 후춧가루를 뿌려도 좋다. 참고로 난 시치미를 뿌려 먹는 걸 좋아한다. 또 독특한 맛을 즐기고 싶다면 고수를 뜯어 올리고 스모크 파프리카 파우더를 뿌리면 이국적인 맛을 낸다. 또 차갑게 뜨겁게 개인의 취향에 따라 다양한 온도감으로도 즐길 수 있다.

초여름이면 늘 초당옥수수를 기다리며 수프를 만들어 먹을 생각을 한다. 그러면서 그에 어울리는 도자기 쇼핑을 한다. 담아내는 그릇 또한 중요하기에… 수프를 아름다운 그릇에 담아 먹는 것, 그게 수프의 완성이다. 다음 시즌엔 샛노란 초당옥수수 수프를 어디에 담아볼까?

RECIPE

① 초당옥수수는 찜기에 기분간 찐 후 칼로 알맹이만 도려낸다. ⇒ TIP 토핑용으로 조금 남겨둔다.

TIP 너무 곱게 갈면 거품 같은 느낌이 들어 추천하지 않는다.

② 블렌더에 ①과 우유를 넣고 적당히 갈아 식감을 살린다.

③ 그릇에 담고 사워크림과 토핑용 옥수수를 올린 뒤 올리브오일을 뿌려 완성한다.

TIP 먹기 전에 스모크 소금을 살짝 뿌려도 좋다.

RECIPE #1

RECIPE #2

RECIPE #3

Époisses cheese toast

에푸아스 치즈 토스트

나는 주황색 외피를 가진 연성 치즈의 쿰쿰함을 사랑한다. 나름 치즈 마니아이기 때문에 아무리 하드코어의 치즈라 할지라도 거뜬하다. 웃긴 건 홍어는 못 먹지만 홍어 향이 나는 치즈는 좋아한다는 사실!

홍대 부근에 좋아하는 피자집이 있는데 여기에서는 에푸아스 치즈와 구운 대파로 만든 피자를 맛볼 수 있다. 한번 먹어본 후로 내 최애 피자가 되었다. 대파구이는 아마도 에푸아스 치즈와 함께 요리하는 가장 흔한 조합 중 하나인 듯하다. 에푸아스 치즈의 쿰쿰한 향 때문에 비교적 높은 난이도를 달큰한 대파구이가 낮춰주는 역할을 하는 게 아닐까? 개인적으로는 시트러스 계열의 과일이나 달걀프라이, 베리 콩포트 등과도 잘 어울린다고 느낀다. 특히 리소토를 만들 때 넣으면 그 쿰쿰함의 매력에 빠지고 말 거다. 친한 친구 중 하나는 어른들의 젤라토라 부르며 에푸아스 치즈로 젤라토를 만들어 주기도 했다. 에푸아스 치즈는 호불호가 분명 있지만 한번 빠지면 헤어 나올 수 없는 치즈인 것도 분명하다. 에푸아스 사랑꾼으로서 다양한 메뉴를 만들어보려고 한다. SNS에도 종종 새로운 에푸아스 치즈 요리를 올릴 계획이다.

늘 먹던 치즈나 누구나 먹는 치즈는 이제 그만! 새로운 치즈를 찾고 또 맛보는 재미에 빠져보길 바란다. 이 세상엔 아직 맛보지 못한 치즈가 넘쳐나니까.

181

Recipe #3

Ingredients → 식빵 1쪽 • 가염 버터 1TS
에푸아스 치즈 1/4개 분량(65g)
달걀노른자 1개 • 오크 꿀 약간

Epoisses cheese toast

Recipe

① 식빵은 2cm 두께로 썬다.

② 달군 팬에 버터를 두르고
①을 올려 색이 나게 굽는다.

③ 슬라이스한 에푸아스 치즈를
식빵 위에 올린다.

④ 달걀노른자를 가운데 빈
공간에 올려 치즈가 살짝
녹을 정도로 굽는다.

⑤ 접시에 담고 오크 꿀을 뿌려
완성한다.

TIP
진한 치즈를 올리기 때문에
두툼하게 써는 게 좋다. 일정한
두께로 썰어야 구웠을 때
단면의 색이 고르게 난다.

TIP
토치를 이용하거나
오븐에 굽는다.

Recipe #5

TIP
쿰쿰한 치즈에는
아카시아 등의
꽃 꿀보다는 나무 계열의
꿀을 추천한다.

Choco rye sand

초코 호밀 샌드

크루아상만큼 좋아하는 빵이 있다면 접점은 없지만 호밀빵이다. 그것도 호밀 100%! 제일 자주 만들어 먹는 빵이기도 하다. 특별한 재료가 필요하진 않다. 버터, 잼, 머스터드 정도면 그 맛을 즐기기에 충분하다. 이건 피곤하거나 당이 심하게 떨어질 때 먹는 방법인데 모카포트에 진하게 내린 커피 한 잔과 함께라면 계속 이야기하지만 이만한 레시피를 이길 수 없다. 물론 내가 가진 레시피 중에서! 초콜릿을 녹이기 전 제일 중요한 건 먼저 호밀빵을 가염 버터에 지지듯 굽는 것이다. 나는 빵을 구울 때 항상 프라이팬에 지지듯 굽는다. 그게 제일 맛있다. 그리고 그 위에 초콜릿이 크리미하게 녹을 수 있는 환경을 만들어준다. 오븐에 넣어도 되지만 자칫하면 탈 수 있으니 유리 뚜껑을 살짝 덮고 계속 주시하며 초콜릿만 녹일 것!

난 전부터 워낙 팽 오 쇼콜라를 좋아했다. 그 안에 다양한 초콜릿을 넣는 게 내 꿈이기도 한데 그 연장선이 바로 이 레시피다. 빈투바 초콜릿에 빠지게 된 건 맛과 패키지 그리고 패키지를 뜯었을 때 마주히게 되는 브랜드마다의 상징적인 디자인 때문이었다. 나를 흥분시키고 감동을 주는 영감 덩어리라고나 할까? 그중 제일 감동받은 건 알랭 뒤카스 초콜릿 숍에서 본 초콜릿 블록인데 파리 건물 양식의 형상을 닮았다. 디자인적으로는 초콜릿 바 중에서 가장 아름답다고 느꼈다. 빈투바 초콜릿에 빠지면 커피 원두만큼 산지와 생산자에 따라 버라이어티한 맛에 빠지게 된다. 해외의 다양한 빈투바 초콜릿을 직구로 구입하거나 여행 선물로 받는 것도 좋고 국내 빈투바 초콜릿에도 눈을 돌려보길…

Choco rye sand

Ingredients

호밀빵 3쪽
펌프 스트리트 빈투바 초콜릿 적당량
가염 버터 3g · 소금 약간

Recipe

① 달군 팬에 버터를 두르고 호밀빵을 올려 노릇하게 굽는다.

TIP 호밀빵 대신 하드 계열 빵이나 잡곡빵을 사용해도 좋다.

② 빵이 다 구워지면 초콜릿을 올리고 유리 뚜껑을 덮어 윗면만 살짝 녹을 정도로 굽는다.

TIP 초콜릿이 끓거나 흘러내리지 않도록 주의한다.

③ 버터나이프로 녹은 초콜릿을 펴 바르고 취향에 따라 소금을 뿌려 완성한다.

Blueberry yogurt soup

블루베리 요거트 수프

블루베리에 진심이기 시작한 건 임진강변 근처 '한들벌 블루베리' 농장을 알게 되면서부터다. 지인을 통해 맛본 후 이리 감동한 과일이 있었나? 맛을 떠나 정말 깜짝 놀랐다. 그 후 해마다 한여름 무더위 블루베리 시즌이 되면 지인들과 함께 농장을 방문해 블루베리를 배 터지게 먹고 땡볕에서 수확을 한다. 이러한 경험은 내게 재료에 대한 영감과 베이커로서의 경직된 사고에 큰 영감을 주었다. 내가 감동한 블루베리는 그 농장의 농부님과도 닮아 있다. 무턱대고 방문해도 블루베리를 실컷 먹게 해주시고 블루베리로 만든 디저트도 맛 보여주시던… '언젠가 이곳 블루베리를 듬뿍 넣은 크루아상을 만들 거예요!'라며 이야기하곤 했는데 그게 어찌 내 맘대로 되겠냐마는 그만큼 그곳의 블루베리를 좋아한다. 농장 다락방에서 한 주전자를 몽땅 마시곤 했던 블루베리즙은 과일즙에 대한 나의 고정 관념을 깨주었다. 사실 파우치에 든 과일즙, 이런 건 상상해본 적도 없는데 100% 블루베리 농축 즙을 먹어보니 생각이 바뀌었다. 드레싱이 될 수도 있고 이건 수프로도 손색이 없다는 걸 느꼈다. 그때 바뀐 생각이 즙에 대한 무한한 영감으로 전환되었다. 양파즙으로 어니언 수프를 만들고 사과즙을 얼려 셔벗을 만들어 먹고 토마토즙으로 드레싱을 만드는 등 다양하게 활용하다 보니 블루베리즙을 그릭 요거트에 섞어 보라색의 건강한 블루베리 수프가 탄생하게 되었다. 레시피도 너무 간단하다. 그리고 무엇보다 건강하다. 토핑도 늘 다르게 베리도 올려보고 잼이나 오일도 뿌려보고 허브도 툭툭 잘라 흩뿌려보니 이건 또 하나의 그림이 완성되지 않는가! 특허가 가능하다면 특허 등록을 하고 싶을 정도다. 너무 아름다워 나만 보고 나만 만들고 싶지만 창작자인 나를 떠올리며 많은 사람들이 만들어 먹었으면 좋겠다. 그것 또한 나의 음식에 대한 보시, 천국에 갈 수도 있겠다!

Blueberry yogurt soup

Ingredients

블루베리 10개 • 파예 그릭 요거트 0% 150g
블루베리즙 80g • 딜 약간
올리브오일 약간 • 식용 꽃 약간

Recipe

① 블루베리는 반으로 썰고 딜은
잘게 다진 후 올리브오일에 살짝
버무린다.

② 그릇에 그릭 요거트를 담고
블루베리즙을 조금씩 부어가며
섞는다.

TIP
블루베리즙은 한 번에 다 붓지
않고 조금씩 넣어가며 섞어 점도를
조절한다.

Recipe #4

Recipe #1

③ ①로 장식하고 블루베리즙을
살짝 뿌린다.

④ 식용 꽃을 올리고 올리브오일을
뿌려 완성한다.

TIP
코냑잼이나 카시스잼처럼 향이 좋은
잼을 곁들여도 잘 어울린다.

Chocolate pancake

초콜릿 팬케이크

팬케이크는 역시 두툼하게 구워 메이플 시럽이나 꿀, 버터랑 먹는 게 최고. 하지만 가끔 조금 신경 써서 먹고 싶거나 식사보다는 디저트 느낌으로 먹고 싶을 때 좋은 레시피이다. 내가 워낙 '먹잘알'인 편이라 여행을 가서 조식에 팬케이크가 있으면 상큼한 샐러드나 블루치즈를 듬뿍 올려 먹거나 초콜릿 시럽과 견과류, 과일 등을 올려 디저트처럼 즐기기도 한다. 단순한 팬케이크 한 장이 이렇게 다양한 느낌을 연출한다. 몇 년 전 파리에 사는 일본인 친구가 데려간 봉 마르셰 근처의 식당에서 맛본 팬케이크는 아직도 기억에 남는다. 팬케이크에 당근 라페와 루콜라, 로메인, 다양한 채소들을 버무린 샐러드를 함께 내주는 심플한 플레이트로 심히 맛있었다. 산미 강한 샐러드와 팬케이크라니. 반찬을 사랑하는 한국인이라 사이드로 함께 나오는 음식도 항상 환영한다. 이 레시피에도 늘 먹는 쉽고 간단한 팬케이크를 조금 더 다르게 먹는 방법을 담고 싶었다. 과일도 툭툭 썰어 넣거나 동그랑땡 부치듯 부쳐 넣는다. 또 내가 좋아하는 빈투바 초콜릿을 잘라 넣기도 하는데 초코크림빵을 좋아하지 않는 대신 빵 사이에 진짜 초콜릿을 끼어 먹는 걸 좋아한다. 이 방법이 최고다. 그리고 만들면서 많은 실패를 맛봤지만 제철 과일을 듬뿍 넣은 과일 팬케이크도 좋아한다. 이번 쿡북 촬영 때도 몇 장 연습으로 구웠는데 지옥에서 온 핼러윈급 팬케이크라 사진엔 못 담았다는 슬픈 후문이…

양쉡이 좋아하는
빈투바 초콜릿 브랜드

(국내)
Public chocolatory,
P.chokko, Cacaodada

(해외)
Le chocolat Alain Ducasse, Akesson's organic,
Mike&Becky, Pump street chocolate,
Dick Taylor craft chocolate

1921

Chocolate pancake

Ingredients

팬케이크 믹스 250g • 달걀 1개 • 물 140g
펌프 스트리트 빈투바 초콜릿 적당량
버터 약간

샐러드
잎채소(상추, 루콜라) 적당량

샐러드 드레싱
올리브오일 1TS • 화이트 발사믹 비니거 3ts
머스터드 1ts • 소금 약간 • 후춧가루 약간

가니시
간 초콜릿 • 피스타치오
보아시에 캔디

Recipe #5

Recipe

① 팬케이크 믹스에 달걀과 물을 넣고 반죽을 만들어 냉장실에서 30분~1시간 정도 휴지시킨다.

TIP 팬케이크 믹스는 시판용 제품을 사용한다. 대신 패키지 뒷면의 반죽 방법을 정확하게 지켜야 맛있다.

② 팬에 버터를 두르고 팬케이크 반죽을 조금씩 올린다.

③ 한쪽 면이 살짝 익으면 가운데 초콜릿을 올리고 다시 반죽을 살짝 부어 초콜릿이 녹을 때까지 양면을 노릇하게 굽는다.

④ 볼에 샐러드 드레싱 재료를 넣고 고루 섞는다.

⑤ 상추와 루콜라는 한입 크기로 뜯고 샐러드 드레싱으로 살짝 버무린다.

⑥ 접시에 초콜릿 팬케이크를 담고 가니시로 장식한 후 샐러드를 곁들여 완성한다.

TIP 보아시에는 파리의 정통 캔디 숍으로 이곳의 시럽 캔디는 일반 사탕처럼 단단하지 않아 토핑으로 즐겨 쓴다.

Rose harissa egg sourdough

로즈 하리사 에그 사워도우

recipe #6

요탐 오토렝기 Yotam Ottolenghi 셰프의 쿡북이나 SNS 요리들을 보면 하리사를 자주 사용한다. 궁금한 마음에 영국에서 직구를 해봤다. 엄청 이국적이면서 호불호가 있는 맛과 향의 소스인데 그 맛이 매력적으로 느껴졌다. 오니기리에도 넣어 만들고 카레에도 토핑으로 올려 섞어 먹으면 맛있다. 그릭 요거트에 얹어 구운 사워도우랑 먹으니 그럴듯하다. 데빌드 에그 위에 이 녀석만 올려도 무척 이국적인 모양새다. 달걀프라이할 때도 사용하다 보니 한 병을 금방 비우게 된다. 다들 한 병 전부 먹기가 어렵다고 하던데… 난 고정 관념 없이 휘뚜루마뚜루 여기저기에 다 사용하는 편이라 그런가보다. 마르쉐에서 구입한 갓 따온 햇양파를 달걀과 함께 굽는다. 하리사와 구운 양파의 풍미가 달걀에 배어들면 향도 맛도 끝내준다. 레시피에는 넣지 않았지만 소시지나 새우 등을 함께 팬에 향을 입혀가며 구워도 좋겠다. 하리사의 맛이 충분하기에 이 단순한 재료들의 맛을 더욱 특별하게 만든다. 올리브오일에 구운 사워도우에 구운 재료들을 먹음직스럽게 올린다. 같은 브랜드의 타히니로 마무리해주면 맛이 배가된다. 다음엔 해산물을 하리사와 함께 구워 타르틴으로 만들어봐야겠다. 그때 또 SNS에 공유하겠음! 독자분들도 함께 만들어 공유해봐도 좋겠다. 나에게 새로운 식재료 탐구와 먹는 방법 연구는 계속 현재진행형이다.

{ 하리사, 타히니 @belazu_co }

Recipe
Rose harissa egg sourdough

Ingredients
- 사워도우 2쪽 • 달걀 2개 • 콜리플라워 120g • 할라페뇨 1/2개
- 햇양파 2개 • 전포도 1TS • 벨라주 로즈 하리사 2TS
- 황잣 약간 • 마담로익 샬롯앤차이브 크림치즈 2TS • 빔스터 고트 치즈 적당량
- 바질 잎 2장 • 벨라주 타히니 2TS • 올리브오일 적당량 • 소금 약간 • 후춧가루 약간

Recipe #5

① 사워도우는 올리브오일을 듬뿍 뿌려 팬에 굽는다.

TIP 팬에 올리브오일을 두르지 않고 빵에 직접 뿌려 굽는 게 흡수가 잘되고 더 맛있다.

② 콜리플라워와 할라페뇨는 슬라이스하고 함양파는 자유롭게 썬다.

TIP 맵지 않은 양파라 큼지막하게 썰어도 좋다.

③ 전포도는 끓는 물에 살짝 데친다. 빼놓을 수 없는 매력 포인트이다.

④ 달군 팬에 하리사를 한 스푼씩 두 군데 올리고 달걀을 하나씩 깨 올린다.

TIP 타지 않도록 중간에 올리브오일을 살짝 두른다.

⑤ 빈 공간에 콜리플라워와 할라페뇨, 전포도를 올려 볶는다.

⑥ 함양파는 달걀 위에 올려서 익힌다.

⑦ 전체적으로 소금을 골고루 뿌려 간한다.

⑧ 달걀프라이가 서니사이드업으로 익으면 불을 끄고 쪽파를 뿌린다.

⑨ 구운 사워도우에 크림치즈를 고루 펴 바른다.

⑩ 볶은 재료를 먼저 올리고 달걀프라이를 올린다.

⑪ 고트 치즈를 슬라이서로 얇게 올리고 바질 잎으로 장식한 뒤 타임이나 후춧가루를 뿌려 완성한다.

Recipe #10

Recipe #11

Chipolata pepe paccheri

치폴라타 페페 파케리

Recipe #2

Recipe #4

파스타 면만큼은 꼭 누가 좋다더라, 뭐가 유명하다더라 이런 스토리 말고 시중에 판매하는 것부터 하나씩 도전해보고 직접 취향을 알아가면 좋겠다. 이게 최고다, 저게 1등이다 이런 소리는 정말 촌스럽다. 파스타 면은 일단 관심이 있으니 정말 많이 검색해보고 귀동냥도 하며 최대한 찾아 맛보는 편이다. 한 봉지를 구매하더라도 산지나 함량 표시를 깐깐하게 살펴보고 역사가 있는 브랜드를 선호한다. 여행 중에는 트렁크를 꽉 채우는 것 중 하나가 파스타 면이기도 하다. 파스타에 진짜 관심이 많은 사람이라면 면에 조금 더 과감해질 필요가 있다. 근데 마음에 드는 건 왜 늘 비싼 걸까… 가까운 미래에 해외여행을 떠난다면 맨 처음 이탈리아로 건너가 파스타를 마음껏 먹고 파스타 면도 한가득 사고 싶다. 파스타 면을 구매할 때 대부분 저렴한 제품을 고르는데 비싼 것도 사서 먹어보고 브랜드 공부도 해가며 다양하게 경험해봤으면 좋겠다. 면까지 확실히 신경 쓴다면 정말 훨씬 맛있게 파스타를 만들 수 있다.

파스타를 만들 때도 재료의 신선함은 여전히 중요하다. 특히 부디 프레시한 허브를 썼으면 하는 바람이다. 맛있게 만들어놓고 말린 허브를 뿌리는 건 상상할 수 없다. 망해가는 요리에 신선한 허브만 더해줘도 살아나는 법! 토마토소스를 끓일 때도 생바질이 주는 힘이 엄청나다는 걸 잊지 말자.

치폴라타는 프랑스인들이 가장 즐겨 먹는 소시지 중 하나로 돼지고기, 마늘, 소금, 후춧가루, 너트맥을 갈아 양장에 채워 만든다. 파케리는 튜브 모양의 파스타로 가운데 큰 구멍이 있어 소스가 넉넉한 스타일에 잘 어울린다.

Recipe #1

Chipolata pepe paccheri

Ingredients

파케리 100g • 자색 아스파라거스 5개
마늘 3쪽 • 메종조 치폴라타 2개
후춧가루 적당량 • 페코리노 치즈 55g
올리브오일 약간 • 소금 약간

RECIPE

① 아스파라거스는 밑 부분만 필러로 껍질을 벗기고 반으로 썬다. 마늘은 슬라이스한다.

② 치폴라타는 껍질을 제거하고 손으로 뜯어 빵가루를 입히듯 후춧가루에 살짝 굴린다.

TIP 후추는 굵게 갈아 사용한다.

③ 달군 팬에 올리브오일을 두르고 타지 않게 굽는다.

④ 마늘과 아스파라거스를 순서대로 넣어 볶는다.

⑤ 면수 3국자를 붓고 끓이다 소금으로 간한다.

⑥ 삶은 파케리를 넣어 소스가 잘 배어들도록 볶는다.

TIP 오일 파스타처럼 버무려지는 느낌 정도로 볶는다.

⑦ 페코리노 치즈를 듬뿍 갈아 넣고 버무려 완성한다.

Grilled cheese sourdough

그릴드 치즈 사워도우

    치즈를 듬뿍 넣은 핫 샌드위치를 좋아하지 않는 사람이 있을까? 쭉 늘어나는 치즈와 버터를 넉넉히 둘러 구운 사워도우는 내가 좋아하는 샌드위치 중 으뜸이다. 난 여러 재료를 섞고 층층이 레이어드하기보단 심플한 스타일을 좋아한다. 머스터드와 잼만 발라 체더 치즈를 갈아 굽거나 토마토, 바질, 모차렐라만 넣어 구운 핫 샌드위치를 특히 좋아한다. 그릴드 샌드위치를 만들 경우에는 모자람 없이 치즈를 준비한다. 정말 많이! 그리고 치즈 그레이터로 갈아놓는다. 그래서 큰 사이즈의 휠 치즈도 구입하곤 한다. 큰 휠의 치즈도 사보는 경험을 꼭 해보길 바란다. 혼자서 소진하기 어려우면 친구들과 여럿이 나누면 되니까. 국내에 수입된 치즈 중에서도 아우리치오 Auricchio의 트러플 페코리노 치즈를 좋아한다. 나름 사이즈가 넉넉해서 넘치게 만들 수 있다. 남으면 오븐 그라탱이나 튀김옷을 입혀 치즈 튀김으로 만들어도 좋다. 다양한 치즈 요리를 넘치게 만들 수 있다. 경험상 치즈는 큰 덩어리가 맛있다. 국내에 수입되는 작은 치즈들을 보면 조금 속상하다. 나처럼 누군가라도 많이 먹고 소비하면 더 많고 다양한 치즈가 수입되지 않을까? 그래서 나름 열심히 전투적으로 먹고 있다. 큰 치즈 요리의 매력은 역시 자르는 것이다. 치즈 커팅 도구들에도 관심이 많다. 슬라이서나 커터, 육절기도 좋고 구멍이 다양한 그레이터도 자주 사는 편이다. 새로운 모양으로 잘리는 치즈를 보며 큰 기쁨을 느낀다. 그리고 그 방법에 따라 치즈의 식감과 맛도 다양하게 전달된다. 얇은 종이처럼 슬라이스해 입안에서 사르르 녹는 식감을 주기도 하고 굵게 썰어 씹히게 또는 눈송이처럼 보슬보슬하게 갈아주기도 한다. 다양한 맛과 식감을 느끼는 데에는 이렇게 도구의 힘이 크다. 이걸 살까 저걸 살까 고민하지 말고 모두 사보자. 도구들은 하나하나 다 필요한 이유가 있다. 치즈와 가까워지는 방법 중 하나는 도구를 사용하는 방식에 있는 듯하다.

Grilled cheese sourdough

Ingredients

사워도우 2쪽 • 함양파 2개
트러플 페코리노 치즈 200g
살라미 130g • 가염 버터 적당량

후춧가루 약간
발사믹 비네거 2TS • 홀그레인 머스터드 약간
피스타치오(통, 부순 것) 약간

Recipe #7

Recipe

TIP 함양파가 없다면 일반 양파와 쪽파를 써도 좋다.

① 함양파 줄기는 송송 썰고 알맹이는 슬라이스한다.

② 달군 팬에 버터를 두르고 ①을 볶다 어느 정도 익으면 발사믹 비니거를 넣고 다시 한번 볶는다.

③ 달군 팬에 살라미를 올려 바삭하게 굽는다.

TIP 꼭 굽지 않아도 되지만 그릴드 샌드위치에는 구운 것이 더 잘 어울린다.

④ 사워도우 한 쪽에 슬라이스한 버터와 홀그레인 머스터드를 바르고 나머지 한 쪽에는 버터만 바른다.

⑤ ②와 간 트러플 페코리노 치즈, 통 피스타치오, 구운 살라미를 순서대로 올린 뒤 후춧가루를 뿌린다.

⑥ 달군 팬에 버터를 두르고 앞뒤로 노릇하게 굽는다.

⑦ 반으로 썰고 접시에 담아 부순 피스타치오를 뿌려 완성한다.

2/4

Poached
egg salad

수란 샐러드

    접시에 동그랗게 모양을 잡은 수란을 담고 향이 좋은 허브와 갖은 채소를 함께 담는다. 달큰한 것부터 매운맛이 나는 것, 산미가 강하게 느껴지는 것 등 모두 좋다. 매운맛을 더할 때는 머스터드 그린을, 신맛을 더할 때는 소렐을 추천한다. 컬러도 당연히 예뻐야 하는 것은 두말하면 잔소리. 채소는 달걀과 참 잘 어울린다. 맛이 가려지지 않는다고나 할까? 달걀이 재료들 사이를 이어주는 역할을 한다. 샐러드에 달걀을 넣으면 실패 확률도 적고 아쉬울 때 든든하게 배를 채워주기도 한다. 또 수란을 넣으면 마치 더 순수한 샐러드처럼 느껴진다. 그래서 곁들이는 드레싱도 섬세하게 준비하게 된다. 제철 채소들과 재료의 근본적인 맛을 음미하게 되는 아주 심플한 샐러드이다. 요즘은 재료 하나하나의 깊은 맛을 더 느끼고 싶어 농부님들이 아침에 직접 뽑아 온 채소들을 만날 수 있는 마르쉐를 자주 찾는다. 그곳의 채소들은 각기 개성 있는 본연의 진짜 맛을 갖고 있다. 샐러드를 좋아하고 만들게 되면서 자연스레 당연히 로컬 재료와 생산자에 관심이 간다. 정성껏 잘 가꾼 채소와 과일을 먹어보면 한 접시의 아름다움과 그들의 참맛을 알게 된다.

Ingredients → 달걀 1개 · 미니 로메인 1장 · 엔다이브 1장
라디치오 1장 · 콜리플라워 슬라이스 1개
펜넬 약간 · 올리브오일 약간
화이트 발사믹 비니거 약간 · 소금 약간

Recipe #1

Poached egg salad

Recipe #2

Recipe

① 달걀은 미리 그릇에 깨두고 채소는 자유로운 모양과 크기로 손질한다.

② 끓는 물에 젓가락으로 회오리를 만든 후 ①의 달걀을 부어 수란을 만든다.

TIP
달걀노른자를 호호는 정도로
익히려면 달걀이 한 덩어리로
뭉쳐질 때 건져낸다.

Recipe #3

③ 접시에 수란을 담고 채소를 올린 후 올리브오일과 화이트 발사믹 비니거, 소금을 뿌려 완성한다.

218

Seasonal fruits crostini

제철 과일 크로스티니

　제철 재료는 과일과 채소, 육류, 해산물 가릴 것 없이 모두 아름답게 어울리고 맛나다. 작은 토스트를 의미하는 크로스티니를 만들 때는 대부분 바게트나 하드 계열 빵을 사용하지만 난 빵에 대한 고정 관념이 없다. 바삭하면 바삭한 대로, 부드러우면 부드러운 대로 다 만들어 먹다 보면 저마다의 매력이 있고 개성이 있다. 아무래도 내가 크루아상을 제일 좋아하다 보니 역시 크로스티니를 만들 때도 가장 자주 사용한다. 잼과 머스터드를 바르고 메종조 테린을 썰어 올려 먹는 것도 좋아하고 참 샐러드나 구운 채소를 올려 먹는 것도 좋아한다. 크로스티니는 나 같은 자유 영혼에게 딱인 메뉴다. 어떠한 규정도 없고 그저 아름답다. 식재료의 아름다움을 이렇게 한 접시에 담아 표현하는 게 즐겁다. 누군가에게 정성껏 만들어 준다면 분명 행복해하고 감사해할 것이다. 좋아하는 와인도 한 병 곁들여 사랑하는 사람들과 함께 꼭 만들어 먹어보길… 그리고 내가 언젠간 꼭 해보고 싶은 'OLD CROSTINI'를 상상해본다. 상상만으로도 정말 설렌다. 제일 기억에 남는 크로스티니는 피렌체 식당에서 먹었던 닭 간 페스토를 올린 크로스티니다. 식전에 입맛을 돋우는 그 매력이 정말 좋았다. 몇 접시나 더 주문해 먹었던 기억이 있다. 이탈리아에서 크로스티니는 전채요리로 주로 와인과 함께 올리브오일을 듬뿍 뿌려 먹는다. 도시마다 저마다의 식재료를 올려 다양한 크로스티니를 선보인다. 서로 다른 아름다움을 느낄 수 있는 별미이다.

Seasonal fruits crostini

Ingredients

체리 18개 • 살구 3개
복숭아 1개 • 이탈리안 파슬리 6줄기
깐 밤 4개
화이트 발사믹 비니거 3TS
올리브오일 5TS • 크루아상 3개
마스카포네 치즈 적당량

토핑
초당옥수수 1/4개
프로슈토 약간
카시스잼 약간
피스타치오 약간
소금 약간

Recipe

① 체리와 살구, 복숭아는 씨를 제거하고 적당한 크기로 썬다.

② 이탈리안 파슬리는 잘게 다지고 깐 밤은 얇게 슬라이스한다.

③ 초당옥수수는 칼로 알맹이만 도려낸다.

④ 볼에 ①과 ②를 넣고 화이트 발사믹 비니거와 올리브오일로 버무린다.

⑤ 달군 팬에 슬라이스한 크루아상을 올려 노릇하게 굽는다.

TIP
버터가 들어간 빵은 금방 탈 수 있으니 주의한다.

Recipe #5

Recipe #4

RECIPE #7

⑥ 구운 크루아상에 마스카포네 치즈를
펴 발라 접시에 담는다.

⑦ 크루아상 위에 ④를 올리고 초당옥수수,
프로슈토, 카시스잼, 피스타치오로 장식한
뒤 소금을 살짝 뿌려 완성한다.

✱ TIP
레시피대로 만들었을 때 양이 너무
많다면 샐러드로도 즐겨보자.

22리

Pan con tomate

(Veg)

판 콘 토마테

이탈리아 토스카나에서 해마다 지인 덕분에 주문해 먹는 햇올리브오일이 도착하면 늘 갓 구운 캉파뉴와 토마토를 준비한다. 일단 올리브오일에 캉파뉴를 한번 굽고 토마토를 썰어 올린 다음 또 올리브오일을 듬뿍 뿌린다. 어떤 산해진미가 와도 이 맛은 이길 수 없다. 그리고 욕심이 생겨서 여기에 어울리는 빵과 더 맛있는 토마토를 찾게 된다.

요즘은 다양한 품종의 토마토가 나와서 점점 나의 판 콘 토마테도 진화하듯 더 맛나지고 있다! 마르쉐나 SNS를 통해 소규모 농장의 직거래 토마토를 구해 만들어 먹다 보니 항상 그 계절을, 농장들의 수확 소식을 기다린다. 다양한 컬러에 모양도 재미있는 에어룸 토마토, 새빨갛고 향과 산미가 좋은 캄파리 토마토를 좋아한다. 그리고 얼마 전에 지인에게 선물받은 '퇴촌 토마토'로 만든 판 콘 토마테는 절대 잊을 수 없는 맛이었다. 토마토가 정말 중요하다. 어쩔 땐 맛있고 때로는 맛이 아쉬울 때도 있지만 그게 농작물의 변수와 재미 아닐까 생각한다. 맛없는 토마도는 없다. 밸런스를 못 낮춰 살못 만든 스스로를 탓하길… 맛이 덜하면 소금이나 올리브오일에 더욱 힘을 주자. 바게트나 사워도우, 부드러운 식빵과 브리오슈로 만들면 또 다르게 맛있다. 난 개인적으로 올리브오일에 바짝 구워 먹는 캉파뉴나 사워도우를 좋아한다. 식빵으로 만들었을 땐 마요네즈를 추가하고 좋아하는 시치미를 듬뿍 뿌리기도 한다. 그러면 또 다른 버전의 판 콘 토마테가 완성되니 꼭 만들어 먹어보기를 바란다. 맥주를 저절로 따르게 될 것이다!

Recipe #1

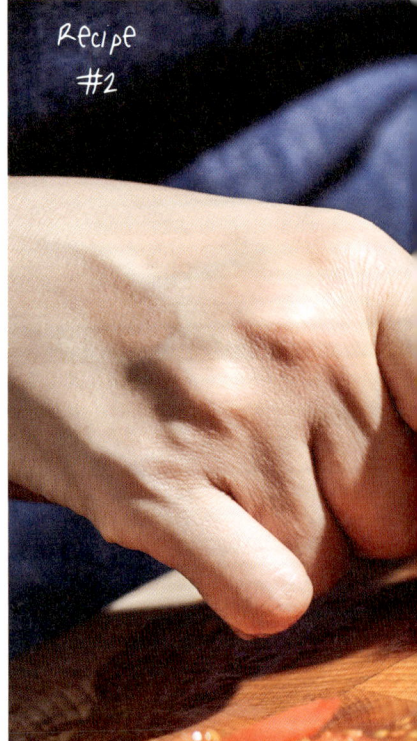

Recipe #2

Pan con tomate

Recipe

① 달군 팬에 올리브오일을 두르고 사워도우를 앞뒤로 바삭하게 굽는다.

TIP 빵을 구울 때 마늘을 함께 넣고 향을 더해도 좋고 생마늘을 구운 빵에 직접 발라도 좋다.

② 토마토는 얇게 슬라이스한다. 토마토는 상태에 따라 칼로 벗기거나 끓는 물에 데쳐 껍질을 제거한 후 갈아서 사용해도 된다.

③ 구운 빵에 ②와 케이퍼 절임을 올리고 올리브오일은 듬뿍, 소금은 살짝 뿌려 완성한다.

TIP 껍질이 얇고 과즙이 풍부한 신선한 토마토는 슬라이스해서 빵에 바로 올려 먹고, 오래 보관했거나 조금 마른 토마토는 끓는 물에 살짝 데쳐 칼로 다지거나 강판에 갈아 소스처럼 올려 먹는다. 소금, 후춧가루, 향신료는 먹기 직전에 뿌리는 게 포인트.

Ingredients

사워도우 3쪽
매봉농장 토마토 4개
마늘 1쪽 • 올리브오일 약간
케이퍼 절임 약간
소금 약간

CPG rigatoni

(Grain)

셀러리 잎과 황잣, 고트 치즈 리가토니

좋아하는 세 가지 재료인 셀러리 잎, 황잣, 고트 치즈를 듬뿍 넣어 만든 파스타. 세 가지 재료의 영문 이름에서 맨 앞 알파벳을 따와서 이름을 붙였다. 셀러리는 잎만 따로 판매하기도 하지만 구하지 못했을 때는 줄기와 잎 모두 사서 버리는 것 없이 먹는 편이다. 셀러리를 사 오면 먼저 잎을 뜯어서 찬물에 담가놓는다. 그럼 시들시들했던 잎이 살아난다. 솔직히 나는 잎을 더 좋아하는데 아마 내 SNS를 관심 있게 본 사람이라면 샐러드에 자주 쓰는 식재료라는 걸 이미 알고 있을 것이다. 늘 셀러리 잎은 위대하다고 이야기해왔다. 향과 식감, 예쁜 비주얼을 동시에 갖고 있는 채소다. 웬만한 과일과도 잘 어우러져 올리브오일로 심플하게 드레싱을 둘러 샐러드로 만드는 것이 나의 파스타 팁이다. 셀러리 잎을 많이 구입해 걱정이었다면 샐러드에도, 파스타에도 열심히 써보길 추천한다.

사실 이 메뉴는 셀러리 잎과 황잣, 고트 치즈를 활용해 나름 심취해서 만든 파스타다. 식재료 하나하나에 꽂히다 보면 때로는 좋아하는 식재료 모음집이 되기도 한다. 세 가지 중 뺄 만한 재료가 정말 하나도 없다. 셀러리의 향과 고트 치즈의 강렬한 향이 만나기 때문에 파스타 면은 속이 빈 튜브 모양의 리가토니를 사용했다. 익숙하고 거부감 없는 맛에는 주로 롱 파스타를 즐겨 쓰고 재료가 강할 때는 쇼트 파스타를 사용해 하나씩 집어먹을 수 있게 만들면 좋다. 그릇에 담았는데 뭔가 초라한 느낌이 들 때가 있고 재료를 그냥 무심히 뿌렸을 뿐인데 잘 어울렸던 때도 있다. 누굴 보여주기 위한 플레이팅보다는 내가 만족하는 플레이팅을 하다 보면 맛도 저절로 찾아가게 된다. 누군가는 센스라고도 한다. 플레이팅을 하면서 맛도 한층 업그레이드되니 담음새에도 사랑을 듬뿍 주었으면 좋겠다.

Recipe
#2

CPG
rigatoni

Recipe

① 셀러리 잎은 큼지막하게 썰고 셀러리 줄기와 마늘은 슬라이스한다.

② 달군 팬에 올리브오일을 두르고 마늘을 넣어 볶는다.

③ 셀러리 잎을 넣고 빠르게 볶은 후 면수 3국자와 삶은 리가토니를 넣어 볶다 소금으로 간한다.

④ 고트 치즈와 셀러리 줄기를 넣고 고루 섞은 후 접시에 담아 구운 황잣과 셀러리 잎을 올려 완성한다.

TIP
냉동 보관한 잣은 볶아 사용하면 더 고소하고 풍미가 좋다.

Ingredients

리가토니 100g · 셀러리 잎 75g
셀러리 줄기 15g · 마늘 3쪽
고트 치즈 50g · 황잣 30g
올리브오일 적당량 · 소금 약간

Recipe
#3

RECIPE #4

Tools

도구란 단순히 기술적으로 편하고 퀄리티 있는 음식을 만들어주는 힘도 있지만 사용하는 행위 자체와 주방에서 위치하는 조형미만으로도 아름다워 만족감을 준다. 그리고 많을수록 좋은 게 도구라고 생각한다. 있으면 다 쓸 일이 생긴다고 믿기 때문에 계속해서 사 모은다. 그에 걸맞은 용도로 쓸 때도 빛을 발하지만 예기치 않게 사용했을 때 더욱 짜릿한 느낌이 온다. 가령 치즈 그레이터로 초콜릿이나 과자를 갈았더니 또 다르게 아름다울 때, 감자칼 하나로 웬만한 치즈 요리를 다 해낼 때, 갈릭 그레이터로 샀지만 갖가지 채소와 과일을 다 갈 수 있을 때 바로 도구를 쓰는 맛이 있다. 장비 탓을 하지는 않지만 장비가 중요하다고는 생각한다. 특히 치즈 관련 도구들이 많다. 그레이터부터 슬라이서, 끓이고 녹이는 워머들, 치즈별 맞춤 나이프들을 용도에 맞게 쓰는 편이고 예쁘기도 해서 이것저것 사기도 한다. 주로 마이크로플레인Microplane이나 보스카Boska 제품을 믿고 구입한다. 요즘은 치즈 숍 한편에서도 팔고 백화점이나 인터넷에서도 판매해 쉽게 구할 수 있다. 치즈 그레이터만큼 버터나이프도 사 모으는 게 취미다. 쓸 때마다 얼마나 행복한지 날씨와 계절, 그날의 느낌에 따라 좋아하는 나이프를 꺼낸다. 나는 버터나이프 한 개로도 행복해지는 사람이다. 여행을 가서도 도구를 구경하는 건 거의 루틴이다. 그 지역의 도구들에 대한 호기심이 많고 굳이 필요하지 않아도 산다. 그래서 갖고 있는 도구들도 나라별, 도시별 의미가 있고 그때의 기억도 함께 떠오른다. 치즈도 그렇지만 도구도 덕질을 하는 편이다. 원래 무용한 것을 좋아해 용도가 없어도 사곤 하는데 용도는 늘 나중에 생긴다. 도구는 주방에 어울려야 하지만 식탁 위에 올려도 예뻐야 한다는 주의라 디자인도 중요하다. 어느 곳에 두어도 아름다움을 지니는 도구가 가장 매력적이다.

미식가에게 영감을 주는 베이커의 책
Baker's Cookbook

초판 1쇄 발행 2022년 07월 25일
2판 1쇄 발행 2022년 10월 15일

지은이   양윤실
발행처   아이엔지북스

기획/편집   송희나
사진   studio.ING
디자인   김은정
교열   조진숙

홈페이지   www.ingbooks.kr
이메일   books@ingbooks.kr
전화   02-6953-4439
주소   서울특별시 서초구 서초대로74길 27

ISBN 979-11-90900-26-3 03590
출판등록 2013년 11월 4일
제 2019-000033호

정가 28,000원

아이엔지북스는 푸드 전문 콘텐츠 그룹 아이엔지커뮤니케이션즈의 출판 브랜드입니다.
이 책은 저작권법에 의해 보호받는 저작물로 제작사의 허락 없이 인용 및 발췌하는 것을 금하며,
이 책 내용의 전부 또는 일부를 재사용하려면 반드시 제작사의 서면 동의를 받아야 합니다.
파본은 구입처에서 교환해드립니다.

저자 양윤실

빵쟁이 겸 빵순이이자 전직 세라미스트인 양윤실 베이커는 홍대에서 2010년부터 8년간 'The Old Croissant Factory'라는 크루아상 매장을 운영해오다 지금은 잠시 안식년을 보내고 있다. 그녀의 인스타그램(@oldcroissant) 피드는 보기만 해도 맛있는 음식들로 가득하다. #양쉡샐러드 #양쉡샌드위치 #양쉡파슐하 해시태그로 검색하면 다양한 종류의 빵은 물론이고 제철 과일과 채소가 듬뿍 담긴 샐러드부터 이름 모를 치즈가 수북하게 올라간 파스타까지 따라 해보고 싶은 아름다운 요리투성이다. 빵과 치즈가 넘쳐흐르는 김치냉장고, 식료품 편집 숍을 연상케 하는 팬트리의 소유자. 한번도 경험해보지 못한 식재료를 만나면 세상 누구보다 큰 행복을 느낀다. 명품 쇼핑보다 식료품 쇼핑을 좋아하고 한 끼도 허투루 먹지 않으려 노력한다. 그녀에게는 아름다운 모든 것이 영감의 원천이다. 레시피에 대한 규격도 경계도 없다. 새로운 식재료를 탐구하고 모험하며 자유롭게 표현할 뿐. 세상은 아직 먹어보지 못한 것들로 가득하다. 이 재료가 아니면 안 되고 이렇게 먹어야 된다는 룰은 없다. 온전히 나를 위해 만드는 요리, 한 접시 위에 스스로를 가득 담아내길 바라는 마음으로 이 책을 쓰기로 결심했다.